Cake Pops Rezeptbuch

Die leckersten und kreativsten Cake Pop Rezepte für jeden Anlass

Marie Halangk

Email: info@edition-lunerion.de
www.edition-lunerion.de

Psiana eCom UG
Berumer Str. 44
26844 Jemgum

Vorwort

Sie suchen noch nach einem pfiffigen Highlight für das nächste Partybuffet, das eine Abwechslung bieten soll von den ewig gleichen Spießen, Röllchen und Muffins? Oder würden gerne zahlreiche unterschiedliche Geschmäcker anbieten, aber eben von jedem nur einen kleinen delikaten Happen? Und da bekanntlich auch das Auge mitisst, darf die Optik gerne ganz außergewöhnlich sein? Dann überlassen Sie Cake Pops die Bühne und machen Sie die tollen Kugeln zum Star Ihres nächsten Buffets!

Denn weniger ist manchmal mehr und das gilt ganz besonders für die kleinen leckeren Wunderkugeln am Stiel: Ein Bissen Spinat-Salami oder Mozzarella-Gouda, ein Häppchen Schwarzwälder Kirsch und Nougat – Cake Pop-Varianten sind eine fantastische Möglichkeit, sich kreuz und quer durch alle Geschmacksvariationen zu probieren. Und auch, wenn der Hunger mal nicht so groß ist, kommt der ansprechende Snack gerade richtig und zaubert einen kurzen Genussmoment mitten in den Alltag. Das Tollste daran: Cake Pops gibt es in allen denkbaren Varianten, ob Sie es nun süß oder pikant mögen, ob es glutenfrei oder vegan sein soll, ob die Fitnessversion oder edle Exemplare für feierliche Anlässe. Das scheint etwas kompliziert? Keine Angst, zwar erfordert die Kugelproduktion ein klein wenig Übung, aber mit den Tipps in diesem Kochbuch gelingen Ihnen rasch und einfach richtige Meisterwerke. Also Streusel raus und ran an den Teig, es gibt Cake Pops für alle!

 INHALT

Cake Pops – Der letzte Schrei aus London

Kuchen am Stiel gibt es nicht? Wer sagt das? Es gibt sie doch und sie sind schon seit einiger Zeit voll im Trend! Cake Pops sind der letzte Schrei und finden ihren Ursprung in Englands Hauptstadt. Erfunden hat die leckeren Kuchen-Lutscher Angie Dudly. In einer kleinen Backstube mitten in London entwickelte sie 2008 die ersten Cake Pops. Pinke Kuchen-Lollis zierten dann alsbald ihren Blog, wo sie nur allzu gerne ihre neuesten Kuchenkreationen zum Besten gab. Seither wächst die Fangemeinde stetig, auch in Deutschland. Kaum verwunderlich, denn die kleinen Kuchenkugeln am Stiel schmecken nicht nur hervorragend, sondern sehen auch noch überaus stylisch aus.

Cake Pops sind schon seit einiger Zeit die neuen Stars am kreativen Kuchenhimmel und haben Cupcakes und Muffins den Rang abgelaufen. Neben der ziemlich hohen Suchtgefahr ist es allerdings nicht so ganz einfach, diese kleinen Kuchenkugeln am Stiel herzustellen. Es erfordert schon ein wenig Übung.

MÖGLICHKEITEN, CAKE POPS RICHTIG ZU FORMEN

Aus Teig werden hier kleine Kugeln gebacken, die wie ein Lolli auf einem Stiel stecken. Zudem gibt es aber ebenso Cake Pops, die ohne Backen zubereitet werden können, indem sie nach der Herstellung im Kühlschrank aushärten. Um die kleinen Kuchenkugeln in Form zu bringen, benötigen Sie außerdem nicht zwingend eine Cake Pop-Form aus Silikon oder einen Cake Pops-Maker, denn ebenso ist es möglich, mit Hilfe von Tee- oder Esslöffeln gleichgroße Kugeln zu formen. Ein Cake Pops-Maker sowie eine entsprechende Form erleichtern das Ganze allerdings enorm, denn in diesem Fall müssen Sie nur den Teig in die Silikonform oder in das Gerät füllen und schon erhalten alle Küchlein dieselbe Kugelgröße. Ebenso ist es natürlich möglich, mit der Hand die kleinen Kugeln zu formen, allerdings wird es auf diese Weise automatisch zu unterschiedlichen Größen kommen.

TIPPS UND TRICKS ZUR HERSTELLUNG

Vor allem, wenn Sie die ersten Cake Pops herstellen, kann es enorm hilfreich sein, wenn Sie den Holzstiel vor dem Aufstechen der Kuchenbälle in flüssige Schokolade dippen. Diese wirkt dann ähnlich wie ein Klebstoff, so dass der Cake Pop jetzt weitaus fester auf dem Holzstiel steckt und nicht mehr ganz so leicht herunterfällt.

In zahlreichen Rezepten wird der Kuchenteig mit Frischkäse gemischt. Diesen verwenden Sie besser nur in kleinen Mengen, denn schnell wird der Teig ansonsten zu schwer und die kleine Kuchenkugel rutscht schneller vom Stiel, als Sie gucken können. Zumal es in diesem Fall ebenso schnell passieren kann, dass der kleine Ball einfach auseinanderbricht. Nicht selten ist hier die Schwerkraft dann größer als der Hunger auf die leckeren Cake

Pops. Im Klartext heißt das also: Lieber weniger Teig und weniger Frischkäse verwenden, gerade bei den ersten Versuchen.

Auch beim Glasieren der Cake Pops ist Geduld, Vorsicht und ein wenig Übung gefragt, denn so schön diese Kuchen-Lollis auch aussehen, sie sind doch recht empfindlich. Sind die Cake Pops richtig in Form gebracht und haben sich bereits gefestigt, werden sie nur allzu gerne in Schokolade getunkt. In diesem Fall sollten Sie die Kuchen-Lutscher aber vorsichtig in der Schokolade baden und nicht hektisch in dieser herumrühren. Zumal eine dicke Schokoladenschicht auch nicht zu den kleinen Kuchen passt. Ein dünner Überzug reicht völlig, so dass es stets abzuwarten gilt, bis die überschüssige Schokolade abgetropft ist, ansonsten kann auch diese zum Totalabsturz der Kuchenkugel führen.

Nachdem die Cake Pops mit der süßen Schokolade überzogen wurden, ist die Versuchung natürlich enorm groß, diese gleich in zuckersüße, bunte Streusel zu tauchen, damit der Cake Pop auch ja komplett mit den Zuckerperlen bedeckt ist. Nicht selten führt diese Vorgehensweise allerdings zum Zusammenbruch der Cake Pops. Zumal es ebenso passieren kann, dass die Schokolade verschmiert, so dass die Kuchen-Lollis alles andere als ansehnlich aussehen. Demnach lohnt es sich, sich auch hier ein wenig in Geduld zu üben.

Besser ist es daher, den Cake Pop über die Schüssel mit den Streuseln zu halten und diese mit der Hand über die Kuchenkugeln zu streuen, bis sich überall welche befinden.

Auch das Trocknen der Cake Pops ist eine Kunst für sich. Am besten stecken Sie die Kuchen-Lutscher in ein Stück Styropor oder verwenden ein umgedrehtes Sieb. Auf diese Weise trocknen die Cake Pops, ohne dass diese Gefahr laufen, sich zu berühren.

GLASUREN & ÜBERZÜGE

Klassisch sind helle sowie dunkle Kuvertüren. Möchten Sie hingegen Ihre Cake Pops in knalligen, kunterbunten Farben gestalten, können Sie die helle Schokolade einfach mit Lebensmittelfarbe einfärben. Flüssige Lebensmittelfarbe aus der Apotheke ist in diesem Fall optimal, denn diese färbt sehr intensiv. Ratsam ist es außerdem, pro 150 Gramm Kuvertüre noch zehn Gramm Kokosöl unterzumischen, denn auf diese Weise klumpt die Schokolade nicht und ist weitaus geschmeidiger. Wer lieber nicht selbst färben möchte, kann im Netz auch farbige Schmelzglasur in Linsenform bestellen. Die Konsistenz ist zwar dickflüssiger, aber auch hier kann Kokosöl das Ganze verdünnen.

Kuvertüre richtig schmelzen

Damit die Kuvertüre nicht zu heiß wird und dann beim Trocknen unschön grau anläuft, empfiehlt es sich, diese im Vorfeld klein zu zerhacken. Anschließend bringen Sie die ½ Menge in einer Schüssel im Wasserbad zum Schmelzen. Danach die Schüssel aus dem Bad nehmen und die übrigen Schokoladenstückchen einfach portionsweise unter die geschmolzene Kuvertüre mischen. Welche Deko sich dann am besten eignet?

Im Grunde ist hier alles erlaubt, was gefällt und was ansonsten auch auf „normalen“ Kuchen verwendet wird. Glitzerzucker, Streusel, Krokant, Zuckerperlen, Marzipanfigürchen, aber ebenso Schokoladen- und Zuckerdekor, wie Blätter, Blüten, Buchstaben und Co., sehen auf Cake Pops toll aus. Wer seine Kuchen-Lollis hingegen ganz besonders stylisch in Szene setzen möchte, kann im Internet essbare Streusel in den ausgefallensten Formen finden.

Wie lange lassen sich Cake Pops lagern?

Wurden die Cake Pops mit einer Glasur überzogen, können diese problemlos bis zu drei Tage im Kühlschrank aufbewahrt werden. Einfrieren sollten Sie die hübschen Kuchen-Lutscher aber besser nicht, denn beim Auftauen leidet die Glasur sichtbar.

Frühstücks-Cake Pops

GOUDA-SALAMI-CAKE POPS

12 Port.

185 Min.

Einfach

Zutaten

100 ml Milch
250 g Weizenmehl
1 Pck. Trockenhefe
1 Ei
50 g Butter (weich)
1 TL Salz
1 TL Zucker
1 EL italienische Kräuter (getrocknct)
75 g Gouda (gerieben)
50 g Salami

Nährwerte p. P.

160 kcal
16 g Kohlenhydrate
8 g Fett
6 g Eiweiß

1 Das Weizenmehl in einer Schüssel mit den italienischen Kräutern sowie dem Salz vermengen.

2 Jetzt die Trockenhefe mit dem Zucker in einem Glas vermischen und den Mix mit zwei Esslöffeln der Milch mischen, bis sich keine Klumpen mehr finden.

3 Anschließend in den Mehl-Mix eine Mulde formen und hier die Hefelösung hineingeben. Die Hefemischung mit etwas Mehl zuschütten.

4 Danach die Butter mit der übrigen Milch in einen Topf geben, die Butter zum Schmelzen bringen und das Ganze etwas abkühlen lassen.

5 Das lauwarme Butter-Milch-Gemisch mit dem Ei unter das Weizenmehl rühren. Danach den Teig zugedeckt eine Stunde ruhen lassen.

6 Jetzt noch die Salami in feine Stückchen zerteilen und diese mit dem geriebenen Gouda unter den Teig kneten.

7 Danach muss der Teig erneut zugedeckt zwischen einer ½ und einer ganzen Stunde ruhen.

8 Den Teig anschließend in kleine Kugeln formen und in einen Cake Pops-Maker geben. Nach ungefähr sieben Minuten sind die Kuchen-Lollis fertig gebacken und können nach dem Abkühlen auf Holzstöcke gespießt werden.

KÄSE-SCHINKEN-CAKE POPS

12 Port. 20 Min. Einfach

Zutaten

100 g Weizenmehl
200 g Crème fraîche (Kräuter)
80 g Kochschinken
80 g Parmesankäse (gerieben)
2 Eier
1 TL Natron
1 EL Grieß
1 TL mediterrane Kräuter

Nährwerte p. P.

129 kcal
7 g Kohlenhydrate
8 g Fett
6 g Eiweiß

1 Den Kochschinken in feine Würfel zerteilen.

2 Diesen dann mit dem Weizenmehl, der Crème fraîche, dem Parmesankäse, den Eiern, dem Natron, dem Grieß sowie den mediterranen Kräutern mischen.

3 Jetzt den Cake Pops-Maker auf Temperatur bringen und den Teig einfüllen.

4 Sind die Teigkugeln fertig gebacken, diese ein wenig abkühlen lassen und erst dann auf die Stiele stecken.

FRISCHKÄSE-PAPRIKA-CAKE POPS

20 Port. 35 Min. Einfach

Zutaten

400 g Frischkäse
50 g Parmesankäse
100 g Cashewkerne
1 Spritzer Zitronensaft
3 TL Paprikapulver (edelsüß)
30 Salzbrezeln
1 TL Currypulver
Pfeffer
Salz

Nährwerte p. P.

100 kcal
4 g Kohlenhydrate
8 g Fett
3 g Eiweiß

1 Die Cashewkerne sowie zehn Salzbrezeln fein zerhacken.

2 Danach den Frischkäse mit dem Parmesankäse, dem Zitronensaft sowie dem Paprika- und dem Currypulver mischen.

3 Anschließend die klein gehackten Salzbrezeln und die Cashewkerne unter den Teig rühren. Das Ganze dann noch mit Pfeffer sowie Salz abschmecken.

4 Jetzt den Cake Pops-Maker vorheizen und aus dem Teig kleine Kugeln backen.

5 Zu guter Letzt die Cake Pops mit Stielen versehen, in Paprikapulver wälzen und mit jeweils einer Brezel verzieren.

FETA-PEPERONI-CAKE POPS

30 Port. 20 Min. Einfach

Zutaten

100 g Fetakäse
150 g Naturjoghurt
50 g Butter (weich)
2 Ei
50 g Crème fraîche
125 g Weizenmehl
100 g Gouda (gerieben)
½ Pck. Backpulver
2 Peperoni
Etwas Paprikapulver (edelsüß)
Pfeffer
Salz

Nährwerte p. P.

57 kcal
3 g Kohlenhydrate
4 g Fett
2 g Eiweiß

1 Zuerst die Peperoni sowie den Fetakäse in feine Würfel teilen.

2 Anschließend die weiche Butter cremig verrühren und die Eier untermischen.

3 Danach den Naturjoghurt sowie die Crème fraîche zugeben und im Anschluss das Weizenmehl und das Backpulver mit den Gewürzen einrühren.

4 Zum Schluss den geriebenen Gouda und den gewürfelten Fetakäse sowie die Peperoni unterheben.

5 Jetzt den Cake Pops-Maker vorheizen und aus dem Teig würzige Cake Pops herstellen.

NUTELLA-CAKE POPS

30 Port. 80 Min. Einfach

Zutaten

80 g Weizenmehl
175 g Zucker
3 Eier
100 g Butter (weich)
60 g Kakaopulver
½ TL Backpulver
1 Prise Salz
100 ml Vollmilch
40 g Mandeln (gehackt)
150 g Nutella

Überzug:
300 g Kuvertüre
(Zartbitter)

Nährwerte p. P.

162 kcal
16 g Kohlenhydrate
9 g Fett
3 g Eiweiß

1 Zuerst backen Sie einen Schokoladenkuchen: Den Vanillezucker also mit dem Zucker sowie der Butter cremig vermischen.

2 Danach die Eier unterrühren und anschließend das Weizenmehl, die gehackten Mandeln, das Backpulver, die Prise Salz sowie das Kakaopulver vermengen und diesen Mix mit der Milch im Wechsel zum Teig geben.

3 Das Ganze in eine Kastenform füllen und bei 175 °C Ober-/Unterhitze eine ½ Stunde im Ofen backen.

4 Nach dem Abkühlen den Kuchen in einer Schüssel zerbröseln und diesen mit dem Nutella mischen, bis eine formbare Masse entsteht.

5 Den Cake Pop-Teig danach eine ½ Stunde in den Kühlschrank geben.

6 Danach aus dem Teig kleine Kuchenkugeln formen.

7 Jetzt ein wenig von der Kuvertüre schmelzen, die Stiele in die Schokolade tunken und diese dann in die Kuchenkugeln stechen.

8 Die Cake Pops danach eine Viertelstunde ins Gefrierfach legen.

9 Währenddessen die übrige Kuvertüre Schmelzen und die Cake Pops mit dieser überziehen.

APFEL-CAKE POPS

30 Port. 90 Min. Mittel

Zutaten

1 Apfel
150 g Butter (weich)
50 g Mandeln (gemahlen)
3 Eier
120 g Zucker
120 g Weizenmehl
1 TL Backpulver
1 Prise Salz
1 Messerspitze Zimt

Creme:
½ Tüte Puddingpulver (Vanille)
100 g Butter (weich)
1 EL Zucker
200 ml Apfelsaft
1 EL Puderzucker

Überzug:
550 g Kuvertüre (Zartbitter)
2 EL Öl
30 g Pflanzenfett
30 g Haselnüsse (gehackt)

Nährwerte p. P.

222 kcal
17 g Kohlenhydrate
14 g Fett
2 g Eiweiß

1 Zuerst den Apfel von seiner Schale sowie vom Kerngehäuse befreien und in feine Würfel zerteilen. Dann 150 Gramm weiche Butter mit den Eiern sowie den 120 Gramm Zucker cremig verrühren.

2 Jetzt das Weizenmehl mit den Mandeln, dem Backpulver, der Prise Salz sowie dem Zimt vermengen und diesen Mix unter die Butter-Eier-Mischung rühren.

3 Anschließend die Apfelwürfel unter den Teig heben, diesen in eine Springform geben und das Ganze bei 200 °C Ober-/Unterhitze circa 20 Minuten backen.

4 Währenddessen schon einmal die Creme zubereiten, indem der Vanillepudding nach Packungsanleitung zubereitet wird. Anstatt Milch gilt es allerdings, den Apfelsaft und einen EL Zucker zu verwenden. Den Apfel-Vanillepudding nach Fertigstellung mit Frischhaltefolie abdecken und auskühlen lassen.

5 Danach den Puderzucker mit den 100 Gramm Butter cremig rühren und diesen Mix unter den Apfel-Vanille-Pudding heben. Es gilt, darauf zu achten, dass beide Komponenten dieselbe Temperatur aufweisen, denn ansonsten gerinnt das Ganze.

6 Anschließend den abgekühlten Apfelkuchen zerbröseln und diesen mit der Creme ausgiebig vermengen. Den Cake Pop-Teig dann eine Viertelstunde in den Kühlschrank stellen. Aus dem Teig dann kleine Kuchenkugeln formen und auf Stiele stecken. Die Cake Pops anschließend erneut eine ½ Stunde in die Kühlung geben.

7 In der Zwischenzeit die Kuvertüre schmelzen und mit dem Pflanzenfett sowie dem Öl mischen. Die gehackten Haselnüsse schon einmal auf einen Teller streuen. Zu guter Letzt die Cake Pops erst in die Kuvertüre tunken und dann vorsichtig die Haselnüsse darüber streuen.

GLITZERNDE FRISCHKÄSE-CAKE POPS

25 Port.

100 Min.

Mittel

Zutaten

200 g Weizenmehl
200 g Zucker
1 Pck. Vanillezucker
3 Eier
1 TL Backpulver
250 g Butter

Creme:
100 g Puderzucker
75 g Butter
200 g Frischkäse
1 TL Bourbon-Vanille

Überzug:
300 g Kuvertüre
(weiße Schokolade)
Essbares Glitzerspray

Nährwerte p. P.

274 kcal
25 g Kohlenhydrate
18 g Fett
3 g Eiweiß

1 Vorab den Backofen auf 180 °C Ober-/Unterhitze stellen. Dann die 250 Gramm Butter zum Schmelzen bringen und diese mit dem Zucker ausgiebig verrühren. Anschließend die Eier zugeben und das Ganze erneut vermischen.

2 Jetzt noch das Weizenmehl mit dem Vanillezucker und dem Backpulver vermengen und diesen Mix ebenfalls unter die Butter-Eier-Mischung rühren.

3 Den Teig dann in eine Kastenform füllen und für eine Dreiviertelstunde in den Ofen geben. Anschließend den Kuchen in eine Schüssel bröseln.

4 In einer separaten Schüssel den Frischkäse mit der zuvor geschmolzenen Butter, dem Puderzucker und der Bourbon-Vanille verrühren. Diese Creme unter den zerbröselten Kuchenteig kneten.

5 Jetzt aus dem Teig kleine Kugeln formen und diese dann für eine ½ Stunde in den Kühlschrank geben.

6 Währenddessen schon einmal die weiße Kuvertüre zum Schmelzen bringen.

7 Danach die Kuchenbälle auf Stiele stecken und diese in die weiße Schokolade tauchen. Die noch etwas feuchten Cake Pops zu guter Letzt noch mit dem Glitzerspray besprühen.

GÉRAMONT-CAKE POPS

40 Port.

75 Min.

Einfach

Zutaten

200 g Löffelbiskuits
200 g Géramont Frisch-Genuss
2 Pck. Vanillezucker
75 g Butter (weich)
100 g Puderzucker

Überzug:
200 g Kuvertüre (Vollmilch)
Bunte Streusel

Nährwerte p. P.

84 kcal
10 g Kohlenhydrate
5 g Fett
1 g Eiweiß

1 Zuerst den Géramont Frisch-Genuss mit der weichen Butter, dem Puderzucker sowie dem Vanillezucker cremig verrühren.

2 Jetzt die Löffelbiskuits zerbröseln und diese unter den Frischkäse-Mix mischen.

3 Anschließend aus der Masse 40 kleine Kugeln formen und diese für eine Stunde in den Kühlschrank geben.

4 Danach die Kugeln auf Stiele stecken und die Kuvertüre zum Schmelzen bringen.

5 Die Cake Pops nun in die Schokolade tauchen und mit bunten Streuseln bestreuen.

KÄSE-SPECK-CAKE POPS

60 Port. 30 Min. Einfach

Zutaten

250 g Weizenmehl
250 ml Buttermilch
125 g Speck (gewürfelt)
7 Tomaten (getrocknet)
100 ml Öl
1 Zwiebel
1 Ei
80 g Bergkäse
2 TL Backpulver
Etwas Paprikapulver
Pfeffer
Salz

Nährwerte p. P.

42 kcal
3 g Kohlenhydrate
3 g Fett
1 g Eiweiß

1 Zuerst die Zwiebel ohne Schale in feine Würfel zerteilen.

2 Dann den Speck in einer Pfanne auslassen, herausnehmen und hier auch gleich die Zwiebelwürfel andünsten.

3 Jetzt noch den Bergkäse in kleine Würfel verwandeln und die getrockneten Tomaten fein zerhacken.

4 Danach das Öl mit den Eiern sowie der Buttermilch ausgiebig mischen und das Ganze mit dem Paprikapulver, dem Pfeffer und dem Salz ordentlich würzen.

5 Anschließend das Weizenmehl mit dem Backpulver vermengen und dieses Gemisch unter den Eier-Buttermilch-Mix rühren.

6 Nun die Tomaten-, Speck-, Zwiebel- sowie Bergkäse-Würfel unter den Teig heben.

7 Zu guter Letzt den Cake Pops-Maker auf Temperatur bringen und aus dem Teig herzhafte Kugeln backen.

8 Nachdem diese ein wenig abgekühlt sind, können die Kugeln auf Stiele gesteckt werden.

KÄSE-MIX-CAKE POPS

60 Port.

30 Min.

Einfach

Zutaten

100 g Butterkäse
100 g Mozzarella (gerieben)
125 g Creme Double
300 g Naturjoghurt
75 g Butter (weich)
250 g Weizenmehl
3 Eier
1 Pck. Backpulver
Kräutersalz

Nährwerte p. P.

48 kcal
3 g Kohlenhydrate
3 g Fett
2 g Eiweiß

1 Die Eier mit der weichen Butter, der Creme Double sowie dem Joghurt verquirlen.

2 Jetzt den Mozzarella, das Weizenmehl, das Backpulver sowie etwas Kräutersalz untermischen.

3 Den Butterkäse in Würfel verwandeln.

4 Danach den Cake Pops-Maker vorheizen und mit Teig befüllen. In jede Teigkugel einen Butterkäsewürfel geben und erst dann den Deckel schließen.

5 Nachdem die Kugeln ein wenig abgekühlt sind, können diese auf Stiele gesteckt werden.

Herzhafte Cake Pops

SPINAT-SALAMI-CAKE POPS

30 Port. 40 Min. Einfach

Zutaten

275 g Weizenmehl
150 g Butter (weich)
200 g Baby-Spinat
200 g Gouda (gerieben)
200 ml Sahne
1 Zwiebel
50 g Pinienkerne
4 Eier
Ewas Kräutersalz
50 g Salami

Nährwerte p. P.

138 kcal
7 g Kohlenhydrate
10 g Fett
5 g Eiweiß

1 Die Zwiebel aus ihrer Schale lösen und in feine Würfel schneiden.

2 Danach 50 Gramm der Butter in einer Pfanne erhitzen und hier Zwiebelwürfel braten.

3 Jetzt den Spinat säubern und diesen ebenfalls in die Pfanne geben. Diesen zugedeckt so lange dünsten, bis er in sich zusammenfällt.

4 Das Ganze anschließend von der Herdplatte nehmen und mit dem Kräutersalz verfeinern.

5 Jetzt die Pinienkerne in einer fettfreien Pfanne rösten.

6 Die Salami in feine Würfel teilen und ebenfalls zu den Pinienkernen geben.

7 Danach die übrige Butter mit dem Weizenmehl, den Eiern, der Sahne sowie dem Backpulver verrühren.

8 Dann den Zwiebel-Spinat-Mix sowie die Pinienkerne mit der Salami und dem geriebenen Gouda unter den Teig rühren.

9 Zu guter Letzt nur noch den Cake Pops-Maker vorheizen und den Teig in knusprige Kugeln verwandeln.

10 Nachdem die Kugeln ein wenig abgekühlt sind, können diese auf Stiele gesteckt werden.

MOZZARELLA-GOUDA-CAKE POPS

24 Port.

20 Min.

Einfach

Zutaten

100 g Mozzarella (gerieben)
100 g Gouda (gerieben)
300 g Naturjoghurt
100 g Butter (weich)
100 g Crème fraîche
250 g Weizenmehl
1 Pck. Backpulver
3 Eier
Pfeffer
Salz

Nährwerte p. P.

122 kcal
8 g Kohlenhydrate
8 g Fett
4 g Eiweiß

1 Die weiche Butter mit den Eiern, der Crème fraîche sowie dem Naturjoghurt mischen.

2 Anschließend den Gouda, den Mozzarella, das Backpulver sowie das Weizenmehl nach und nach dazugeben und alles gut verrühren.

3 Das Ganze mit Pfeffer und Salz geschmacklich verfeinern.

4 Jetzt den Cake Pops-Maker auf Temperatur bringen und aus dem Teig leckere Cake Pops backen.

5 Sobald diese ein wenig abgekühlt sind, können sie auf Stiele gesteckt werden.

MOZZARELLA-BLUMENKOHL-CAKE POPS

13 Port.

40 Min.

Einfach

Zutaten

750 g Blumenkohl
3 EL Röstzwiebeln
1 Ei
1 EL Schnittlauch (frisch)
60 g Mozzarella (gerieben)
3 EL Paniermehl
Pfeffer
Salz

Nährwerte p. P.

51 kcal
3 g Kohlenhydrate
2 g Fett
5 g Eiweiß

1 Die Röstzwiebeln mit dem Paniermehl in einer Küchenmaschine fein zerkleinern und herausnehmen.

2 Danach den Blumenkohl in derselben Maschine klein raspeln.

3 Jetzt den Schnittlauch säubern, klein zerhacken und diesen mit dem Ei verquirlen. Mit Salz und Pfeffer verfeinern.

4 Anschließend den Blumenkohl unter den Ei-Schnittlauch-Mix rühren.

5 Danach den geriebenen Mozzarella sowie die Röstzwiebel-Paniermehl-Mischung zugeben.

6 Den Backofen auf 200 °C Ober-/Unterhitze stellen.

7 Aus der Masse kleine Kugeln formen und diese dann ungefähr 20 Minuten im Ofen backen.

8 Nachdem die Kugeln ein wenig abgekühlt sind, können diese auf Stiele gesteckt werden.

EMMENTALER-CAKE POPS MIT LANDSCHINKEN

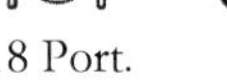

18 Port. 180 Min. Einfach

Zutaten

75 g Landschinken (geräuchert)
150 g Emmentaler
175 g Frischkäse
6 EL Paniermehl
1 Zwiebel
Pfeffer
Salz

Überzug:
3 EL gemischte Kräuter (getrocknet)
75 g Kokosnussöl

Nährwerte p. P.

118 kcal
3 g Kohlenhydrate
11 g Fett
4 g Eiweiß

1 Zuerst die Zwiebel ohne Schale in feine Würfel teilen.

2 Danach dem geräucherten Landschinken dieselbe Form geben und diesen in einer fettfreien Pfanne anbraten. Nach wenigen Minuten die Zwiebelwürfel zum Schinken geben.

3 Anschließend warten, bis der Schinken-Zwiebel-Mix abgekühlt ist. Diesen dann mit dem Frischkäse mischen.

4 Jetzt den Emmentaler in einem Topf zum Schmelzen bringen und diesen dann mit dem Paniermehl unter den Frischkäse-Schinken-Zwiebel-Mix mischen.

5 Das Ganze mit Pfeffer sowie Salz geschmacklich verfeinern und für ungefähr eine Stunde in den Kühlschrank stellen.

6 Im Anschluss aus der Masse 18 Kugeln formen, auf Pergamentpapier legen und für eine Stunde ins Gefrierfach legen. Jetzt können die Kugeln auf Stiele gesteckt werden.

7 Zu guter Letzt das Kokosnussöl zum Schmelzen bringen und die Cake Pops erst in das Öl tunken und dann in den gemischten Kräutern wälzen.

SCHINKEN-SPINAT-CAKE POPS

14 Port. 80 Min. Mittel

Zutaten

60 g Weizenmehl
100 g Rahmspinat
2 Eier
1 TL Backpulver
Pfeffer
Salz

Creme:
20 g Kochschinken
125 g Kräuterfrischkäse
50 g Butter
Pfeffer
Salz

Überzug:
50 ml Sahne
125 g Kräuterfrischkäse
1 Bund Schnittlauch
(frisch gehackt)

Nährwerte p. P.

84 kcal
4 g Kohlenhydrate
6 g Fett
4 g Eiweiß

1 Vorab den Rahmspinat auftauen. Dann die Eier schaumig verrühren und den Rahmspinat unterheben. Das Ganze mit Pfeffer sowie Salz verfeinern.

2 Danach das Weizenmehl sowie das Backpulver unter den Spinat-Mix rühren.

3 Jetzt die Masse auf ein Backblech streichen und dieses bei 160 °C Umluft circa 20 Minuten backen.

4 Während der Spinatkuchen abkühlt, den Kochschinken in feine Würfel zerteilen und die Butter mit dem Kräuterfrischkäse verrühren. Unter diesen Mix anschließend die Schinkenwürfel heben und alles ebenfalls mit Pfeffer sowie Salz verfeinern.

5 Jetzt den abgekühlten Spinatkuchen zerbröseln und mit der Creme verkneten.

6 Aus der Masse nun 20 kleine Kugeln formen und diese danach für eine ½ Stunde in den Kühlschrank geben.

7 Während die Cake Pops in der Kühlung lagern, die Sahne mit dem Kräuterfrischkäse mischen.

8 Jetzt die Stiele erst in den Sahne-Kräuterfrischkäse-Mix tauchen und diese dann in die Kuchenbälle stecken.

9 Anschließend die Cake Pops mit dem Überzug verfeinern und mit ein wenig gehacktem Schnittlauch dekorieren.

CHAMPIGNON-SALAMI-CAKE POPS

36 Port.

20 Min.

Einfach

Zutaten

250 ml Milch
300 g Weizenmehl
1 Dose Champignons
150 g Salami
2 Eier
80 g Margarine
1 EL Tomatenmark
100 g Gouda (gerieben)
1 TL Salz
1 TL Backpulver

Nährwerte p. P.

80 kcal
6 g Kohlenhydrate
5 g Fett
3 g Eiweiß

1 Zuerst das Weizenmehl mit dem Backpulver, den Eiern, der Margarine, der Milch sowie der Prise Salz verrühren.

2 Danach die Salami sowie die Champignons in ganz feine Stückchen zerteilen und diese mit dem Tomatenmark und dem geriebenen Gouda unter den Teig mischen.

3 Jetzt den Cake Pops-Maker vorheizen und aus dem Teig 36 Kugeln backen. Danach die Kugeln nur noch auf Stiele stecken.

ZIEGENFRISCHKÄSE-CAKE POPS

 50 Port.

 60 Min.

 Einfach

Zutaten

200 g Frischkäse
200 g Ziegenfrischkäse
4 Thymianzweige
Etwas Pfeffer

Überzug:
8 Scheiben Frühstücksspeck
½ Bund Petersilie
70 g Walnüsse

Nährwerte p. P.

39 kcal
1 g Kohlenhydrate
3 g Fett
2 g Eiweiß

1 Die Thymianblätter vom Stiel zupfen und diese dann mit den beiden Frischkäse-Sorten ausgiebig durchmischen.

2 Jetzt das Ganze mit Pfeffer verfeinern und aus der Masse dann Kugeln formen.

3 Die Kugeln anschließend für 20 Minuten in den Kühlschrank legen.

4 Währenddessen die Walnüsse in einer fettfreien Pfanne rösten und anschließend in kleine Stückchen hacken.

5 Danach den Speck in der Pfanne knusprig anrösten und diesen ebenfalls in ganz feine Stückchen zerteilen. Gleiches mit den Petersilienblättern vornehmen.

6 Danach alle Zutaten zusammen ausgiebig durchmischen, bis eine krümelige Masse entsteht.

7 Jetzt die Kugeln aus der Kühlung nehmen und diese vorsichtig durch die krümelige Masse rollen.

8 Danach die Kugeln auf Stiele stecken und die Cake Pops erneut eine Stunde in den Kühlschrank legen.

PAPRIKA-PARMESAN-CAKE POPS

20 Port. | 120 Min. | Einfach

Zutaten

100 g Cashewkerne
50 g Parmesankäse (gerieben)
3 TL Paprikapulver (edelsüß)
400 g Frischkäse
10 Salzstangen
1 Spritzer Zitronensaft
1 TL Currypulver
Pfeffer
Salz

Nährwerte p. P.

99 kcal
3 g Kohlenhydrate
8 g Fett
3 g Eiweiß

1 Sowohl die Salzstangen als auch die Cashewkerne fein zerhacken.

2 Danach den geriebenen Parmesankäse mit dem Frischkäse, dem Zitronensaft sowie dem Curry- und dem Paprikapulver mischen und das Ganze mit Pfeffer sowie Salz verfeinern.

3 Zum Schluss noch die gehackten Walnüsse sowie Salzstangen unter die Käse-Masse heben.

4 Jetzt aus der Masse kleine Kugeln formen und diese für ein bis zwei Stunden in den Kühlschrank legen.

5 Im Anschluss die Kugeln auf Stiele stecken.

CHEDDAR-CRANBERRY-CAKE POPS

26 Port. 50 Min. Einfach

Zutaten

75 g Cheddar-Käse
50 g Cranberries (getrocknet)
50 g Mandeln (gehackt)
50 g Cashewkerne
25 g Kirschen (getrocknet)
300 g Frischkäse
3 Stiele Petersilie
Pfeffer
Salz

Nährwerte p. P.

75 kcal
3 g Kohlenhydrate
6 g Fett
2 g Eiweiß

1 Die getrockneten Kirschen sowie die Cranberries fein zerhacken.

2 Dann den Cheddar-Käse fein reiben und diesen mit den gehackten Cranberries sowie den Kirschen und dem Frischkäse verrühren. Die Masse mit Pfeffer und Salz verfeinern.

3 Danach die Cashewkerne fein hacken und mit den Mandeln mischen.

4 Anschließend aus der Frischkäse-Masse 26 kleine Kugeln formen und diese in dem gehackten Mandel-Mix wälzen.

5 Die Kugeln eine ½ Stunde in den Kühlschrank geben.

6 Zu guter Letzt die Petersilie hacken, die Kugeln darin wälzen und diese mit Stielen versehen.

KÄSE-CRANBERRY-CAKE POPS

26 Port.

75 Min.

Einfach

Zutaten

75 g Cheddar-Käse
300 g Frischkäse
25 g Kirschen (getrocknet)
50 g Mandelkerne
50 g Cranberries (getrocknet)
50 g Cashewkerne
Pfeffer
Salz

Überzug:
4 Stängel Petersilie

Nährwerte p. P.

75 kcal
3 g Kohlenhydrate
6 g Fett
2 g Eiweiß

1 Zuerst die getrockneten Kirschen sowie die Cranberries in feine Stückchen teilen.

2 Den Cheddar-Käse fein reiben und diesen dann mit dem Frischkäse, den Kirschen sowie den Cranberries verrühren.

3 Jetzt das Ganze mit Pfeffer und Salz verfeinern.

4 Anschließend noch die Mandeln und die Cashewkerne fein zerhacken und diese ebenfalls unter die Masse heben.

5 Aus dem Mix dann ungefähr 26 kleine Kugeln formen und diese erst einmal für eine ½ Stunde in den Kühlschrank stellen.

6 Zu guter Letzt die Kugeln in der zuvor zerhackten Petersilie wälzen und vorsichtig auf Stiele stecken.

Vegane Cake Pops

SOJAMILCH-HIMBEERGELEE-CAKE POPS

27 Port.

90 Min.

Einfach

Zutaten

175 g Zucker
250 ml Sojamilch
200 g Weizenmehl
1 EL Vanillezucker
40 g Kakao
180 ml Rapsöl
1½ TL Backpulver
½ TL Natron
8 EL Himbeergelee
2 EL Rum

Überzug:
200 g vegane Kuvertüre (Zartbitter)
Liebesperlen

Nährwerte p. P.

143 kcal
16 g Kohlenhydrate
8 g Fett
2 g Eiweiß

1 Zuerst alle trockenen Zutaten miteinander mischen.

2 Anschließend die Sojamilch mit vier Esslöffeln Himbeergelee und dem Rapsöl so lange in einem Topf erwärmen, bis sich das Gelee aufgelöst hat.

3 Diese Mischung dann zu den trockenen Zutaten geben und alles ausgiebig durchrühren.

4 Den Teig dann in eine Springform geben und diese bei 180 °C Ober-/Unterhitze für 50 Minuten in den Backofen stellen.

5 Nachdem der Kuchen abgekühlt ist, diesen dann zerbröseln und mit vier Esslöffeln Himbeergelee sowie zwei Esslöffeln Rum mischen.

6 Aus der Masse dann 27 Kuchenkugeln formen und diese für eine ½ Stunde im Kühlschrank lagern.

7 Währenddessen die Kuvertüre im Wasserbad schmelzen und die Liebesperlen auf einen Teller geben.

8 Jetzt die Stiele in die Kuvertüre tunken und diese dann in die Kuchenkugeln stecken.

9 Danach die Cake Pops in die geschmolzene Schokolade tauchen und die Liebesperlen darüber streuen.

SCHOKO-BANANEN-CAKE POPS

30 Port. 40 Min. Einfach

Zutaten

220 ml Mineralwasser
60 ml Kokosnussöl
100 g Zucker
1 Banane
20 g Weizenstärke
200 g Weizenmehl
20 g Kakaopulver
½ Pck. Backpulver

Überzug:
200 g Kuvertüre
(Zartbitter, vegan)

Nährwerte p. P.

47 kcal
10 g Kohlenhydrate
0 g Fett
1 g Eiweiß

1 Das Kokosnussöl schmelzen.

2 Danach den Zucker mit der Weizenstärke, dem Weizenmehl, dem Kakaopulver sowie dem Backpulver vermengen.

3 Jetzt die Banane aus der Schale nehmen und diese mit einer Gabel zerquetschen.

4 Im Anschluss das Kokosnussöl, den Bananenbrei sowie das Mineralwasser unter den Mehl-Mix rühren.

5 Nun den Cake Pops-Maker in Betrieb nehmen und aus dem Teig goldbraune Kugeln backen.

6 Während die kleinen Kuchen abkühlen, die Kuvertüre zum Schmelzen bringen.

7 Hier erst die Holzstiele eintunken und diese dann in die Kugeln stecken.

8 Zum Schluss die Cake Pops selbst vorsichtig in die Schokolade tauchen.

SESAM-CAKE POPS

12 Port.

30 Min.

Einfach

Zutaten

150 ml Sojamilch
300 g Weizenmehl
240 ml Ahornsirup
3 EL Sesam (schwarz)
1 TL Natron
1½ TL Backpulver
1 EL Apfelessig

Überzug:
80 g Kuvertüre (vegan)

Nährwerte p. P.

194 kcal
38 g Kohlenhydrate
3 g Fett
3 g Eiweiß

1 In einer Schüssel den Ahornsirup mit dem Apfelessig sowie der Sojamilch verrühren.

2 Anschließend in einer weiteren Schüssel das Weizenmehl, den Sesam, das Natron und das Backpulver vermengen.

3 Jetzt den ersten Mix zum Mehl-Gemisch geben und alles ordentlich verrühren.

4 Danach den Cake Pops-Maker auf Temperatur bringen und aus dem Teig leckere Kuchenkugeln backen.

5 Während die kleinen Kugeln abkühlen, die vegane Kuvertüre zum Schmelzen bringen.

6 In diese die Stiele eintunken und dann in die Teigkugeln stecken.

7 Zu guter Letzt die Cake Pops selbst in die Schokolade tauchen.

KIRSCHKONFITÜRE-CAKE POPS

20 Port. 75 Min. Einfach

Zutaten

50 ml Sojamilch
150 g Zucker
2 TL Backpulver
200 g Weizenmehl
100 g Pflanzenmargarine (weich)
3 EL Sojamehl
6 EL Wasser
2 TL Vanilleextrakt

Creme:
200 g Kirschkonfitüre

Überzug:
150 g Kuvertüre (vegan)

Nährwerte p. P.

171 kcal
24 g Kohlenhydrate
7 g Fett
2 g Eiweiß

1 Zuerst den Backofen auf 175 °C Ober-/Unterhitze stellen.

2 Dann das Sojamehl mit dem Wasser mischen und circa zehn Minuten quellen lassen.

3 Jetzt den Sojamehl-Wasser-Mix mit dem Zucker sowie der Margarine und dem Vanilleextrakt verrühren.

4 Danach das Weizenmehl, das Backpulver sowie die Sojamilch dazugeben und das Ganze erneut gut mischen.

5 Anschließend den Kuchenteig in eine Kastenform geben und diese für eine Dreiviertelstunde in den Backofen geben.

6 Sobald der Kuchen abgekühlt ist, diesen fein zerbröseln und mit der Kirschkonfitüre verkneten.

7 Aus der Masse nun kleine Kugeln kreieren und diese für circa eine ½ Stunde in die Kühlung geben.

8 Die vegane Kuvertüre schmelzen. Hier zuerst die Stiele eintauchen, bevor sie in die Kuchenkugeln gesteckt werden.

9 Zum Schluss die Cake Pops vorsichtig in die vegane Schokolade tauchen.

MANDELMILCH-BANANEN-CAKE POPS

 20 Port.
 75 Min.
 Einfach

Zutaten

1 Banane
200 ml Mandelmilch
250 g Weizenmehl
100 g Erdbeerkonfitüre
80 g Zucker (braun)
1 TL Backpulver
4 EL Pflanzenöl

Überzug:
200 g Edelbitter-Schokolade (vegan)
50 g Haselnüsse (gehackt)

Nährwerte p. P.

166 kcal
23 g Kohlenhydrate
7 g Fett
2 g Eiweiß

1 Vorab den Ofen auf 180 °C Ober-/Unterhitze vorheizen.

2 Danach das Backpulver mit dem Weizenmehl mischen und die Banane aus der Schale nehmen. Diese dann mit einer Gabel zerdrücken.

3 Anschließend den Bananenbrei mit der Mandelmilch, dem Pflanzenöl sowie dem Zucker mischen.

4 Danach den Mehl-Mix portionsweise unterrühren.

5 Jetzt den fertigen Teig in eine Springform geben und diese für 25 Minuten in den Backofen stellen.

6 Sobald der Kuchen abgekühlt ist, diesen zerbröseln und mit der Erdbeerkonfitüre ordentlich durchkneten.

7 Jetzt aus dem Teig 20 Kuchenkugeln formen und diese für eine ½ Stunde in den Kühlschrank geben.

8 Zu guter Letzt die vegane Kuvertüre schmelzen. Dann die Kuchenkugeln auf Stiele stecken, in die Schokolade tauchen und mit den gehackten Haselnüssen bestreuen.

KAKAO-KOKOS-CAKE POPS

30 Port. 30 Min. Einfach

Zutaten

220 ml Mineralwasser
60 ml Kokosnussöl
100 g Zucker
200 g Weizenmehl
20 g Weizenstärke
20 g Kakaopulver
½ Pck. Backpulver

Überzug:
200 g Kuvertüre (vegan)
Kokosnussraspeln

Nährwerte p. P.

77 kcal
12 g Kohlenhydrate
3 g Fett
1 g Eiweiß

1 Das Kokosnussöl in einem Topf schmelzen.

2 Dieses dann mit dem Zucker, dem Weizenmehl, der Weizenstärke, dem Kakaopulver sowie dem Backpulver mischen.

3 Jetzt das Mineralwasser zugießen und alles erneut gut verrühren.

4 Anschließend den Cake Pop-Maker auf Temperatur bringen und aus dem Teig kleine goldbraune Kugeln backen.

5 Während die Kugeln abkühlen, die Kuvertüre schmelzen.

6 Dann die Kuchenkugeln auf Stiele stecken, die Cake Pops in die Kuvertüre tauchen und mit den Kokosnussraspeln bestreuen.

DINKEL-HAFERMILCH-CAKE POPS MIT BANANENCHIPS

20 Port.

165 Min.

Einfach

Zutaten

150 g Dinkelvollkornmehl
80 g Margarine (vegan)
20 g Sojamehl
80 g Hafermilch
120 g Vollrohrzucker
2 TL Weinsteinbackpulver
1 Prise Salz
3 EL Kakaopulver

Überzug:
200 g Zartbitter-Kuvertüre (vegan)
50 g Bananenchips

Nährwerte p. P.

147 kcal
17 g Kohlenhydrate
7 g Fett
2 g Eiweiß

1 Im Vorfeld den Backofen auf 180 °C Ober-/Unterhitze stellen, damit dieser vorheizen kann.

2 Anschließend das Dinkelvollkornmehl mit dem Sojamehl, dem Backpulver, der Prise Salz sowie dem Zucker mischen.

3 Jetzt die vegane Margarine sowie die Hafermilch dazugeben und alles gründlich verrühren.

4 Im Anschluss die Hälfte des Teigs in eine Cake Pops-Form geben. Die andere Hälfte mit dem Kakaopulver mischen und erst dann in die Form geben.

5 Diese dann für 22 bis 24 Minuten in den Backofen geben.

6 Nach der Backzeit die Cake Pops etwas in der Form abkühlen lassen und dann vorsichtig herausnehmen.

7 Im Anschluss die Kugeln eine Viertelstunde in den Kühlschrank legen.

8 In der Zwischenzeit die Kuvertüre schmelzen und die Bananenchips fein hacken.

9 Zu guter Letzt die Stiele in die Kuchenkugeln stecken, die Cake Pops in die Kuvertüre tauchen und dann mit den Bananenchips bestreuen.

KAROTTEN-CAKE POPS

16 Port.

60 Min.

Mittel

Zutaten

50 g Sojajoghurt
50 g Karotten
80 g Weizenmehl
70 g Zucker
4 EL Sojamilch
2 EL Pflanzenöl
½ TL Natron
½ TL Apfelessig
1 Prise Salz
1 Prise Zimt
60 g Mandelmus

Überzug:
150 g Zartbitter-kuvertüre (vegan)
Bunte Streusel

Nährwerte p. P.

274 kcal
38 g Kohlenhydrate
5 g Fett
19 g Eiweiß

1 Vorab den Backofen auf 180 °C Ober-/Unterhitze stellen.

2 Dann die Karotten säubern und mit Schale in feine Raspeln verwandeln.

3 Den Sojajoghurt mit dem Weizenmehl, dem Zucker, der Sojamilch, dem Pflanzenöl, dem Natron, dem Apfelessig sowie der Prise Zimt und Salz verrühren.

4 Jetzt die Karottenraspeln untermischen und den Teig in eine Springform füllen. Diese für 25 Minuten in den Ofen geben.

5 Sobald der Kuchen abgekühlt ist, diesen in einer Schüssel zerbröseln und mit dem Mandelmus verkneten.

6 Im Anschluss die Masse ungefähr zehn Minuten kalt stellen.

7 Danach aus dem Teig 16 Kuchenkugeln formen und mit Stielen versehen.

8 Zum Schluss die Kuvertüre schmelzen, die Cake Pops hineintauchen und mit den bunten Streuseln bestreuen.

SACHER-CAKE POPS

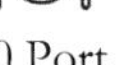

40 Port. 20 Min. Einfach

Zutaten

180 g Zucker
270 g Weizenmehl
210 ml Wasser
75 ml Pflanzenöl
30 g Kakao
(ohne Zucker)
1 Prise Salz
½ Pck. Backpulver
1 Pck. Vanillezucker

Überzug:
250 g Zartbitter-
kuvertüre (vegan)
½ EL Kokosnussöl
30 g bunte Streusel

Nährwerte p. P.

97 kcal
13 g Kohlenhydrate
4 g Fett
1 g Eiweiß

1 Das Weizenmehl mit dem Zucker, der Prise Salz, dem Backpulver sowie dem Vanillezucker mischen.

2 Dann das Pflanzenöl und das Wasser zugießen und alles erneut ausgiebig verrühren.

3 Jetzt den Cake Pops-Maker auf Temperatur bringen und aus dem Teig leckere Kuchenbälle backen.

4 Die Bällchen abkühlen lassen.

5 In der Zwischenzeit die Kuvertüre zum Schmelzen bringen und diese mit dem Kokosnussöl vermischen.

6 Danach die Kuchenkugeln auf Stiele stecken, diese in die vegane Schokolade tauchen und mit den bunten Streuseln bestreuen.

MOHN-CAKE POPS

22 Port. 90 Min. Mittel

Zutaten

50 g Mohn (gemahlen)
150 g Weizenmehl
30 g Maisstärke
40 ml Maiskeimöl
150 ml Mineralwasser
90 g Zucker
2 TL Backpulver
1 EL Vanillezucker
Saft einer ½ Zitrone

Creme:
1½ EL Kirschmarmelade
100 g Nuss-Nougat-Aufstrich

Überzug:
240 g Zartbitterkuvertüre (vegan)
20 g Kokosnussöl

Nährwerte p. P.

13 kcal
1 g Kohlenhydrate
1 g Fett
2 g Eiweiß

1 Im Vorfeld den Backofen auf 175 °C Ober-/Unterhitze stellen. Jetzt das gemahlene Mohn mit dem Weizenmehl, der Maisstärke, dem Zucker, dem Backpulver sowie dem Vanillezucker vermengen.

2 Anschließend die ½ Zitrone auspressen und den Saft mit dem Mineralwasser und dem Maiskeimöl zu den trockenen Zutaten geben. Das Ganze ordentlich mit dem Mixer verrühren.

3 Den Teig jetzt in sieben Muffin-Formen füllen und diese für eine ½ Stunde in den Backofen geben.

4 Die fertigen Muffins anschließend abkühlen lassen und dann in einer Schüssel zerbröseln. Den zerbröselten Teig mit dem Nuss-Nougat-Aufstrich sowie der Kirschmarmelade verkneten.

5 Aus dem Teig dann 22 Kuchenbälle formen und diese eine ½ Stunde in den Kühlschrank legen.

6 Danach die Kuvertüre in einem Topf zum Schmelzen bringen und das Kokosnussöl unter diese rühren.

7 Jetzt die Stiele erst in die Kuvertüre tauchen und diese dann in die Kuchenbälle stecken.

8 Zu guter Letzt die Cake Pops in die Schokolade tunken und diese mit den Streuseln bestreuen.

Glutenfreie Cake Pops

CHIASAMEN-CAKE POPS

17 Port.

130 Min.

Mittel

Zutaten

22 g Kartoffelmehl
45 g Maisstärke
45 g Reismehl
15 g Sojamehl
150 g Zucker
150 g Butter (weich)
2 TL Backpulver
4 EL Reismilch
2 Pck. Vanillezucker
2 Prisen Salz
4 TL Chiasamen

Creme:
75 g Puderzucker
50 g Butter

Überzug:
20 g Pistazien (gehackt)
20 g Krokant
100 g Zartbitter-kuvertüre

Nährwerte p. P.

227 kcal
25 g Kohlenhydrate
13 g Fett
2 g Eiweiß

1 Vorab den Backofen auf 160 °C Ober-/Unterhitze stellen. Danach sämtliche Mehlsorten mit dem Backpulver vermengen.

2 Jetzt die Chiasamen fein mahlen und diese in acht TL Wasser circa zehn Minuten quellen lassen.

3 Danach die 150 Gramm Butter mit dem Vanillezucker, der Reismilch sowie dem Zucker cremig vermischen. Anschließend den Mehl-Mix portionsweise zugeben und gut verrühren. Jetzt noch die aufgequollenen Chiasamen unter den Teig mischen.

4 Den Teig in eine Springform füllen und diese für eine Dreiviertelstunde in den vorgeheizten Ofen geben. Nachdem der Kuchen abgekühlt ist, diesen ohne die harten Kanten zerbröseln.

5 Jetzt noch den Puderzucker mit den 50 Gramm Butter vorsichtig verrühren. Die Buttercreme dann mit dem zerbröselten Kuchenteig verkneten.

6 Aus dem Teig nun 17 Kuchenkugeln formen und diese dann für eine Stunde in die Kühlung geben.

7 Im Anschluss mit Vorsicht die Stiele in die Cake Pops stecken. Die Kuvertüre im Wasserbad zum Schmelzen bringen. Hier die Cake Pops eintauchen und anschließend mit den gehackten Pistazien sowie mit dem Krokant bestreuen.

WEISSE PISTAZIEN-CAKE POPS

40 Port. 30 Min. Einfach

Zutaten

175 g Kartoffelmehl
125 g Zucker
3 Eier
150 g Butter (weich)
½ Pck. Backpulver

Überzug:
200 g Kuvertüre (weiß)
40 g Pistazien (gehackt)

Nährwerte p. P.

96 kcal
10 g Kohlenhydrate
6 g Fett
1 g Eiweiß

1 Zuerst die weiche Butter mit den Eiern cremig verrühren.

2 Dann den Zucker mit dem Kartoffelmehl und dem Backpulver mischen. Diesen Mix unter das Butter-Eier-Gemisch rühren.

3 Jetzt den Cake Pops-Maker anstellen und warten, bis dieser seine Temperatur erreicht hat.

4 Aus dem Teig circa 40 Kuchenkugeln backen.

5 Während die Cake Pops abkühlen, die Kuvertüre zum Schmelzen bringen.

6 Jetzt erst die Stiele ungefähr einen Zentimeter tief in die Schokolade tunken und dann die Kuchenkugeln aufspießen.

7 Anschließend die Cake Pops in der weißen Kuvertüre baden und mit den gehackten Pistazien bestreuen.

GLUTENFREIE DOPPELKEKS-CAKE POPS

10 Port.

80 Min.

Einfach

Zutaten

1 Pck. glutenfreie Doppelkekse
90 g Frischkäse

Überzug:
Etwas rosa Fettglasur
150 g Kuvertüre (weiß)
50 g Zuckerperlen

Nährwerte p. P.

216 kcal
23 g Kohlenhydrate
12 g Fett
2 g Eiweiß

1 Die glutenfreien Doppelkekse mit Hilfe eines Mixers fein zerkleinern.

2 Diese dann mit dem Frischkäse ordentlich mischen und die Masse anschließend eine gute Stunde in die Kühlung stellen.

3 Danach aus der Masse zehn kleine Kugeln formen.

4 Jetzt in dem einen Wasserbad die weiße Kuvertüre und im anderen Wasserbad die rosa Fettglasur zum Schmelzen bringen.

5 Die Stiele nun ungefähr zwei Zentimeter tief in die Fettglasur tauchen und dann die Kuchenkugeln aufspießen.

6 Danach die Cake Pops in die weiße Kuvertüre tauchen und mit den Zuckerperlen dekorieren.

CHEESECAKE-CAKE POPS

20 Port.

100 Min.

Mittel

Zutaten

150 g Zucker
60 g Butter (weich)
500 g Magerquark
2 Eier
1 Pck. Vanillepudding-pulver

Überzug:
1 TL Kokosnussöl
200 g Kuvertüre (Vollmilch)
50 g Schokoladenstreusel

Nährwerte p. P.

134 kcal
14 g Kohlenhydrate
7 g Fett
4 g Eiweiß

1 Zuerst die Butter zum Schmelzen bringen und diese dann abkühlen lassen. Den Backofen auf 180 °C Ober-/Unterhitze stellen, damit dieser vorheizen kann.

2 Anschließend die Eiweiße von den Eigelben trennen und Letztere mit dem Magerquark, dem Zucker sowie dem Vanillepuddingpulver verrühren. Danach die geschmolzene Butter unter die Quarkmasse heben.

3 Jetzt noch die Eiweiße in eine steife Masse verwandeln und auch diese vorsichtig unter den Quark-Mix geben.

4 Die Käsekuchenmasse in eine Springform füllen und diese für rund 40 Minuten in den Ofen stellen.

5 Im Anschluss den Kuchen bei offener Ofentür auskühlen lassen und dann am besten über Nacht in den Kühlschrank stellen.

6 Jetzt aus der weichen Käsemasse kleine Cheesecake-Kugeln formen und diese auf einen Teller legen. Den Teller anschließend für eine ½ Stunde ins Gefrierfach stellen. Die Kuvertüre zum Schmelzen bringen und mit dem Kokosnussöl vermischen.

7 Die Enden der Stiele erst in die Schokolade tauchen und dann in die Cheesecake-Kugeln stecken. Zu guter Letzt die Cake Pops in die Schokolade tunken und mit den Schokoladenstreuseln versehen.

ZITRONEN-JOGHURT-CAKE POPS

13 Port.

45 Min.

Mittel

Zutaten

100 g Butter (weich)
220 g Zucker
2 Eier
2 EL griechischer Joghurt
1 EL Zitronenabrieb
2 EL Zitronensaft
140 g Kartoffelmehl
1½ TL Backpulver

Überzug:
140 g griechischer Joghurt
2 TL Zitronenaroma
1 Vanilleschote
90 g Fertigglasur

Nährwerte p. P.

188 kcal
27 g Kohlenhydrate
8 g Fett
2 g Eiweiß

1 Im Vorfeld den Backofen auf 200 °C Ober-/Unterhitze stellen.

2 Danach die Butter mit dem Zucker so lange verrühren, bis das Ganze eine cremige Masse wird.

3 Anschließend die Eier unterrühren und dann den griechischen Joghurt sowie den Zitronensaft und den Zitronenabrieb.

4 Jetzt folgen noch das Kartoffelmehl und das Backpulver.

5 Den Teig dann in die Cake Pop-Silikonform füllen und diese für circa 18 Minuten in den Ofen geben.

6 Danach die Kuchenkugeln abkühlen lassen.

7 Währenddessen das Mark aus der Vanilleschote entfernen und diese mit dem griechischen Joghurt, der Fertigglasur sowie dem Zitronenaroma mischen.

8 Zu guter Letzt die Kugeln auf Stiele stecken und die Cake Pops in den Joghurt-Glasur-Mix tauchen.

GEZUCKERTE QUARK-CAKE POPS

30 Port. 25 Min. Einfach

Zutaten

250 g Magerquark
125 g Zucker
3 Eier
250 g Kartoffelmehl
1 EL Kartoffelstärke
2 EL Vanillezucker
1 Pck. Backpulver
1 Prise Salz

Überzug:
100 g Kokosnussöl
100 g Zucker

Nährwerte p. P.

102 kcal
16 g Kohlenhydrate
4 g Fett
2 g Eiweiß

1 Den Magerquark mit 125 Gramm Zucker, den Eiern, dem Salz sowie dem Vanillezucker ausgiebig mischen.

2 Anschließend das Kartoffelmehl mit dem Backpulver und der Kartoffelstärke vermengen. Diesen Mix ebenfalls unter die Eiermischung rühren.

3 Jetzt den Cake Pops-Maker auf Temperatur bringen und aus Teig goldbraune Kugeln backen.

4 Während diese abkühlen, das Kokosnussöl zum Schmelzen bringen und den Zucker auf einen Teller geben.

5 Dann Stiele in die Bällchen stecken, diese ins geschmolzene Kokosnussöl tunken und dann im Zucker wälzen.

ZITRONEN-CAKE POPS

45 Port. 55 Min. Einfach

Zutaten

150 g Zucker
300 g Kartoffelmehl
250 ml Milch
150 g Butter (weich)
3 Eier
3 Spritzer Zitronensaft
1 Prise Salz
½ Pck. Backpulver
1 Pck. Vanillezucker
1 Pck. Zitronenabrieb

Überzug:
200 g Kuvertüre (weiß)
200 g Krokant
1 EL Kokosnussöl

Nährwerte p. P.

97 kcal
12 g Kohlenhydrate
5 g Fett
1 g Eiweiß

1 Die weiche Butter mit den Eiern, dem Vanillezucker sowie dem Zucker ausgiebig verrühren.

2 Danach den Zitronenabrieb, das Backpulver, das Kartoffelmehl und die Prise Salz im Wechsel mit der Milch zugeben und alles erneut gut durchmischen.

3 Zu guter Letzt den Zitronensaft zufügen.

4 Jetzt den Cake Pops-Maker in Betrieb nehmen und aus dem Teig goldgelbe Kuchenbällchen backen.

5 Während die Cake Pops abkühlen, schon einmal die weiße Kuvertüre im Wasserbad zum Schmelzen bringen und das Kokosnussöl einrühren.

6 Dann die Stiele ungefähr zwei Zentimeter tief in die Schokolade tunken und anschließend in die Kuchenbällchen stecken.

7 Danach die Cake Pops noch in die Kuvertüre tauchen und mit dem Krokant bestreuen.

KOKOSNUSS-CAKE POPS

45 Port.

230 Min.

Mittel

Zutaten

250 g Kokosnussmehl
4 Eier
250 g Butter (weich)
200 g Zucker
1 TL Vanilleextrakt
1 TL Backpulver
1 Prise Salz

Creme:
150 g Puderzucker
150 g Frischkäse
75 g Butter (weich)
125 g Kokosnussraspeln
3 EL Kokosnussmilch

Überzug:
450 g Kuvertüre (weiß)
125 g Kokosnussraspeln
1 TL Kokosnussöl

Nährwerte p. P.

201 kcal
12 g Kohlenhydrate
15 g Fett
3 g Eiweiß

1 Vorab den Ofen auf 180 °C Ober-/Unterhitze stellen. Dann die 250 Gramm Butter mit dem Zucker cremig verrühren. Anschließend ein Ei nach dem anderen zugeben und alles ordentlich mischen.

2 Jetzt das Kokosnussmehl mit dem Salz, dem Vanillezucker und dem Backpulver vermengen und diesen Mix unter die Eier-Zucker-Mischung rühren.

3 Jetzt noch das Vanilleextrakt zugeben und dann den Teig in eine Kastenform geben. Diese für 45 bis 50 Minuten in den Backofen schieben. Während der Kuchen abkühlt, die 75 Gramm Butter mit dem Frischkäse verrühren.

4 Danach den Puderzucker, die Kokosnussraspeln sowie die Kokosnussmilch zum Frischkäse-Mix geben und alles erneut mischen.

5 Nun das weiche Innenleben des Kuchens in einer Schüssel zerbröseln und die Frischkäse-Masse unterkneten.

6 Aus der Masse dann 45 Kugeln formen und diese erst einmal für eine Stunde im Kühlschrank lagern.

7 Im Anschluss die weiße Kuvertüre zum Schmelzen bringen, mit dem Kokosnussöl mischen und hier die Stiele eintunken, bevor diese in die Kuchenkugeln gesteckt werden. Zu guter Letzt die Cake Pops in die Schokolade tauchen und diese dann mit den Kokosnussraspeln bestreuen.

VANILLE-CAKE POPS

45 Port.

230 Min.

Mittel

Zutaten

250 g Kartoffelmehl
200 g Zucker
1 TL Vanillearoma
1 TL Backpulver
250 g Butter (weich)
4 Eier
1 Prise Salz

Creme:
150 g Puderzucker
125 g Frischkäse
1½ Vanilleschoten
75 g Butter (weich)

Überzug:
1 TL Kokosnussöl
150 g Kuvertüre (weiß)
1½ Vanilleschote
100 g Schokostreusel (Vollmilch)

Nährwerte p. P.

108 kcal
16 g Kohlenhydrate
5 g Fett
1 g Eiweiß

1 Im Vorfeld den Ofen auf 180 °C stellen. Dann den Zucker mit den 250 Gramm Butter verrühren, bis eine cremige Masse entsteht. Jetzt ein Ei nach dem anderen unterrühren und das Vanillearoma zufügen.

2 Danach das Backpulver mit dem Kartoffelmehl sowie dem Salz vermischen und auch diesen Mix unter die Eier-Butter-Zucker-Mischung rühren.

3 Den Teig nun in eine Kastenform füllen und diese für 45 bis 50 Minuten in den Ofen geben. Während der Kuchen abkühlt, schon einmal den Frischkäse mit 75 Gramm Butter verrühren.

4 Jetzt das Vanillemark sowie den Puderzucker zugeben und alles erneut vermischen.

5 Im Anschluss den kalten Kuchen zerbröseln und hier die Frischkäse-Vanille-Creme einkneten.

6 Aus der Masse dann 45 Kugeln formen und diese für eine gute Stunde im Kühlschrank lagern.

7 Danach die Kuvertüre schmelzen, mit dem Vanillemark sowie dem Kokosnussöl mischen und hier die Stiele für die Cake Pops circa zwei Zentimeter tief eintunken, bevor sie in die Kuchenkugeln gesteckt werden. Zu guter Letzt die Cake Pops dann in die weiße Schokolade tauchen und mit den Schokoladenstreuseln versehen.

PFIRSICH-CAKE POPS

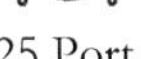

25 Port. 30 Min. Einfach

Zutaten

150 g Maismehl
100 g Mandeln (gemahlen)
150 g Butter (weich)
3 Eier
350 g Pfirsiche (Dose)
50 g Pfirsichsaft
3 Tropfen Vanillearoma
125 g Zucker
3 TL Backpulver

Überzug:
200 g Kuvertüre (weiß)
1 TL Kokosnussöl
100 g Zuckerperlen

Nährwerte p. P.

179 kcal
17 g Kohlenhydrate
11 g Fett
2 g Eiweiß

1 Zuerst die Pfirsiche zum Abtropfen in ein Sieb füllen und den Saft auffangen.

2 Dann den Zucker mit der weichen Butter in eine cremige Masse verwandeln.

3 Im Anschluss den Pfirsichsaft, das Maismehl, die gemahlenen Mandeln, die Eier, das Vanillearoma sowie das Backpulver zugeben und alles erneut gut mischen.

4 Danach die Pfirsiche in feine Würfel zerteilen und diese unter den Teig heben.

5 Jetzt den Cake Pops-Maker auf Temperatur bringen und aus dem Teig goldbraune Kuchenkugeln backen.

6 Während diese dann abkühlen, schon einmal die weiße Kuvertüre zum Schmelzen bringen und mit dem Kokosnussöl mischen.

7 Die Stiele dann circa zwei Zentimeter tief in die Schokolade tauchen und diese in die Kuchenkugeln stecken.

8 Zum Schluss die Cake Pops mit der weißen Kuvertüre überziehen und mit den Zuckerperlen dekorieren.

Süße Cake Pops

MANDEL-SCHOKO-CAKE POPS

12 Port.

80 Min.

Einfach

Zutaten

150 g Weizenmehl
2 Eier
2 EL Zucker
2 EL Milch
2 EL Mineralwasser
1 TL Backpulver

Überzug:
100 g Mandelstifte
200 g Kuvertüre (Vollmilch)
1 TL Kokosnussöl

Nährwerte p. P.

10 kcal
2 g Kohlenhydrate
1 g Fett
0 g Eiweiß

1 Die Eier mit dem Zucker sowie der Milch und dem Mineralwasser ausgiebig verquirlen.

2 Danach das Backpulver mit dem Weizenmehl vermengen und diesen Mix ebenfalls unter die Eiermasse mischen.

3 Jetzt noch 50 Gramm der Vollmilch-Kuvertüre zum Schmelzen bringen und diese unter den Teig rühren.

4 Anschließend den Cake Pops-Maker auf Temperatur bringen und aus dem Teig leckere Kuchenkugeln backen.

5 Während die kleinen Kugeln abkühlen, die übrige Kuvertüre zum Schmelzen bringen und diese mit dem Kokosnussöl mischen.

6 Nun die Stiele ungefähr zwei Zentimeter tief in die Schokolade tunken und diese dann in die Kuchenkugeln stecken.

7 Im Anschluss nur noch die Cake Pops vorsichtig in die Kuvertüre tauchen und diese mit den Mandelstiften dekorieren.

NUTELLA-CAKE POPS

40 Port.

230 Min.

Einfach

Zutaten

250 g Weizenmehl
125 ml Milch
125 g Butter (weich)
2 Eier
80 g Zucker
½ Pck. Backpulver
1 Pck. Vanillezucker

Überzug:
120 g Nutella
120 g Frischkäse
115 g Butter (weich)

Nährwerte p. P.

105 kcal
9 g Kohlenhydrate
7 g Fett
1 g Eiweiß

1 Die 125 Gramm Butter zuerst schön schaumig verrühren.

2 Danach den Zucker sowie den Vanillezucker zufügen und erneut gut vermischen.

3 Anschließend die Eier zufügen und alles cremig verrühren.

4 Das Weizenmehl mit dem Backpulver vermengen und auch dieses Gemisch im Wechsel mit der Milch in die erste Masse geben. Alles so lange Mischen, bis ein glatter Teig entstanden ist.

5 Den Teig dann in eine Kastenform füllen und diese bei 180 °C in den Backofen geben. Ungefähr 40 bis 50 Minuten muss der Kuchen backen.

6 Während der Kuchen abkühlt, den Frischkäse mit der weichen Butter sowie dem Nutella glatt verrühren.

7 Im Anschluss den Kuchen zerbröseln und mit der Nutella-Frischkäse-Creme verkneten.

8 Jetzt aus der Masse kleine Bällchen formen und diese für eine Stunde in den Kühlschrank legen.

9 Zu guter Letzt die Stiele in die Bällchen stecken und nach Bedarf die Cake Pops noch mit Schokolade überziehen.

HASELNUSS-NOUGAT-CAKE POPS

25 Port. 200 Min. Einfach

Zutaten

150 g Weizenmehl
100 g Haselnüsse (gemahlen)
150 g Butter (weich)
80 ml Sahne
120 g Zucker
2 Eier
3 EL Kakaopulver
1 Prise Salz
½ Pck. Backpulver

Creme:
50 g Frischkäse
200 g Nougat (schnittfest)
25 g Butter (weich)

Überzug:
50 g Puderzucker

Nährwerte p. P.

177 kcal
15 g Kohlenhydrate
12 g Fett
2 g Eiweiß

1 Vorab den Backofen auf 180 °C Ober-/Unterhitze stellen. Dann 150 Gramm der weichen Butter mit dem Zucker vermischen. Anschließend die Eier zugeben und alles erneut gut verrühren.

2 Danach das Weizenmehl mit den Haselnüssen, dem Kakaopulver, dem Salz sowie dem Backpulver vermengen und auch diesen Mix im Wechsel mit der Sahne unter die erste Masse rühren.

3 Den Teig im Anschluss in eine Kastenform füllen und diese für eine Stunde in den vorgeheizten Ofen geben.

4 Während der Kuchen abkühlt, das Nougat im Wasserbad zum Schmelzen bringen.

5 Während das Nougat ein wenig abkühlt, 25 Gramm der weichen Butter mit dem Frischkäse mischen.

6 Danach langsam das Nougat zufügen und alles vorsichtig verrühren.

7 Jetzt den abgekühlten Kuchen ohne die harten Kanten zerbröseln und mit der Frischkäse-Nougat-Creme vermengen.

8 Aus der Masse dann kleine Kugeln formen und diese dann circa 20 Minuten in den Tiefkühlschrank legen.

9 Zu guter Letzt die Stiele in die Kuchenkugeln stecken und die Cake Pops in etwas Puderzucker wälzen.

SCHOKOLADEN-CAKE POPS

40 Port.

280 Min.

Mittel

Zutaten

50 g Kakaopulver
200 g Zucker
250 g Butter (weich)
4 Eier
250 g Weizenmehl
1 Prise Salz
1 TL Backpulver

Creme:
200 g Puderzucker
50 g Zartbitterschokolade
250 g Frischkäse
100 g Butter (weich)
½ TL Vanilleextrakt

Überzug:
400 g Kuvertüre (Zartbitter)
2 TL Kokosnussöl
50 g Streusel

Nährwerte p. P.

249 kcal
24 g Kohlenhydrate
16 g Fett
3 g Eiweiß

1 Vorab den Ofen auf 180 °C Ober-/Unterhitze stellen. Dann den Zucker mit 250 Gramm Butter ausgiebig verrühren, bis eine cremige Masse entsteht. Jetzt nach und nach die Eier unterrühren.

2 Anschließend das Kakaopulver mit dem Salz, dem Weizenmehl sowie dem Backpulver mischen und diesen Mix in die Eiermasse sieben. Alles erneut ausgiebig verrühren.

3 Den Teig in eine Kastenform geben und diese für 45 bis 50 Minuten in den vorgeheizten Backofen geben. Während der fertige Kuchen abkühlt, kann die Creme hergestellt werden. Dafür hundert Gramm weiche Butter cremig rühren.

4 Im Anschluss die Zartbitterschokolade zum Schmelzen bringen und diese unter die Butter rühren. Jetzt noch den Puderzucker, das Vanilleextrakt sowie den Frischkäse zufügen.

5 Danach dunkle und harte Stellen vom Kuchen entfernen und den Rest in einer Schüssel zerbröseln.

6 Die Schokoladen-Frischkäse-Creme mit dem zerbröselten Kuchen verkneten und die Masse für eine ½ Stunde in den Kühlschrank stellen.

7 Danach aus dem Teig kleine Kugeln formen und diese erneut eine Stunde kühl stellen. Kurz vor Ende der Kühlzeit die Kuvertüre im Wasserbad oder in der Mikrowelle zum Schmelzen bringen und diese mit dem Kokosnussöl verrühren.

8 Jetzt die Stiele circa zwei Zentimeter tief in die Schokolade tauchen und anschließend in die Kuchenkugeln stecken. Zu guter Letzt die Cake Pops mit den Streuseln dekorieren.

SCHWARZWÄLDER-KIRSCH-CAKE POPS

30 Port.

320 Min.

Mittel

Zutaten

150 g Weizenmehl
75 ml Kirschsaft
2 Eier
125 g Butter (weich)
30 g Kakaopulver
100 g Zucker
1 Prise Salz
½ TL Backpulver

Creme:
30 ml Kirschwasser
50 g Kirschen (getrocknet)
45 g Butter
50 g Frischkäse
75 g Puderzucker
50 g Zartbitterschokolade

Überzug:
250 g Kuvertüre (weiß)
12 g Kokosnussöl
30 Kirschen (getrocknet)

Nährwerte p. P.

144 kcal
15 g Kohlenhydrate
9 g Fett
1 g Eiweiß

1 125 Gramm weiche Butter mit dem Zucker in eine schaumige Masse verrühren. Dann das Weizenmehl mit dem Backpulver, dem Kakaopulver, dem Zucker, dem Salz sowie dem Backpulver vermengen und mit dem Kirschsaft unter die Butter-Zucker-Mischung heben.

2 Den Teig jetzt in eine Kastenform füllen und diese bei 180 °C Umluft für ungefähr 50 Minuten in den Ofen geben.

3 Während der Kuchen dann abkühlt, kann die Creme zubereitet werden. Dafür 45 Gramm der Butter mit dem Frischkäse, dem Kirschwasser sowie dem Puderzucker verrühren.

4 Anschließend die 50 Gramm Zartbitterschokolade sowie die Kirschen klein hacken und beide Zutaten unter die Creme mischen.

5 Jetzt den Kuchen zerbröseln und mit der Creme verkneten. Daraus dann 30 Kuchenbällchen formen und diese für ein bis zwei Stunden in den Kühlschrank legen.

6 Nach der Kühlzeit die Kuvertüre zum Schmelzen bringen, mit dem Kokosnussöl verrühren und die Stiele hier circa zwei Zentimeter tief eintunken. Diese dann in die Kuchenbällchen stecken.

7 Zu guter Letzt die Cake Pops in die geschmolzene Schokolade tauchen und jeweils mit einer Kirsche versehen.

NOUGAT-CAKE POPS

25 Port.

280 Min.

Mittel

Zutaten

250 g Zucker
450 g Weizenmehl
200 g Butter (weich)
120 ml Milch
20 g Vanillezucker
2 Pck. Paradiescreme (Nougat)
3 Eier
½ Vanilleschote
2 TL Backpulver
1 Prise Salz

Creme:
150 g Paradiescreme (Nougat)
200 g Nougat

Überzug:
300 g Kuvertüre (Vollmilch)

Nährwerte p. P.

346 kcal
56 g Kohlenhydrate
11 g Fett
5 g Eiweiß

1 Die weiche Butter schaumig verrühren. Dann den Zucker sowie den Vanillezucker zugeben und alles erneut mischen. Jetzt das Mark aus der Vanilleschote entfernen und auch dieses einrühren. Danach die Eier nach und nach dazugeben.

2 Nun das Weizenmehl mit dem Paradiescreme-Pulver, der Prise Salz sowie dem Backpulver mischen und auch diesen Mix im Wechsel mit der Milch unter die Butter-Eier-Mischung rühren.

3 Den Teig auf ein Backblech geben und dieses bei 180 °C Ober-/Unterhitze in den Ofen schieben. Nach ungefähr 20 Minuten ist der Kuchen fertig.

4 Während der Kuchen abkühlt, 200 Gramm Nougat mit 100 Gramm Kuvertüre zum Schmelzen bringen.

5 Anschließend 150 Gramm Paradiescreme nach Anleitung zubereiten und diese mit dem Nougat-Schokoladen-Mix mischen. Danach den abgekühlten Kuchen zerbröseln und diesen mit der Nougat-Creme verkneten.

6 Aus der Masse dann ungefähr 25 Kuchenkugeln formen und diese anschließend für eine Stunde kühl stellen. Danach die übrige Kuvertüre zum Schmelzen bringen.

7 In diese dann die Stiele circa zwei Zentimeter tief eintauchen und abschließend in die Kuchenkugeln stecken. Zum Schluss die Cake Pops mit der Vollmilch-Kuvertüre überziehen.

ERDBEER-CAKE POPS

20 Port.

160 Min.

Einfach

Zutaten

180 g Weizenmehl
120 g Butter (weich)
150 g Zucker
2 Vanilleschoten
2 Eier
1 Prise Salz
1 TL Backpulver
4 EL Milch

Creme:
200 g Puderzucker
2 EL Erdbeersirup
120 g Butter (weich)

Überzug:
200 g Kuvertüre (weiß)
1 TL Kokosnussöl
50 g bunte Streusel

Nährwerte p. P.

263 kcal
31 g Kohlenhydrate
15 g Fett
2 g Eiweiß

1 Im Vorfeld erst einmal den Backofen auf 180 °C Ober-/Unterhitze stellen. Dann die weiche Butter mit der Prise Salz sowie dem Zucker ausgiebig durchmischen. Danach die Eier einzeln unterrühren.

2 Anschließend das Mark aus der Vanilleschote entfernen und dieses mit Mehl sowie Backpulver und der Milch zum Eier-Butter-Mix geben. Alles erneut ausgiebig verrühren.

3 Den Teig jetzt in eine Kastenform füllen und diese für 30 bis 40 Minuten in den Ofen geben. Während der Kuchen dann abkühlt, schon einmal die Creme herstellen.

4 Dafür einfach die weiche Butter mit dem Puderzucker und dem Erdbeersirup verrühren. Das Ganze dann eine ½ Stunde kühl stellen.

5 Jetzt den fertigen Kuchen zerbröseln und anschließend mit der Creme ordentlich verkneten.

6 Aus der Masse kleine Kuchenkugeln formen und diese dann für eine weitere Stunde im Kühlschrank lagern.

7 Kurz vor Ende der Kühlzeit dann die Kuvertüre zum Schmelzen bringen und diese mit dem Kokosnussöl verrühren.

8 Dann die Stiele ungefähr zwei Zentimeter tief in die Kuvertüre tunken und diese anschließend in die kleinen Kugeln stecken. Zum Schluss die Cake Pops in die flüssige Schokolade tauchen und mit den bunten Streuseln verschönern.

HIMBEER-CAKE POPS

20 Port.

30 Min.

Einfach

Zutaten

95 g Weizenmehl
60 g Butter
1 Ei
2 TL Zitronensaft
50 g Zucker
3 EL Milch
50 g Himbeeren
½ TL Backpulver

Überzug:
150 g Kuvertüre (Vollmilch)
50 g Schokoladenstreusel (weiß)

Nährwerte p. P.

112 kcal
12 g Kohlenhydrate
7 g Fett
1 g Eiweiß

1 Die Butter in einem Topf oder in der Mikrowelle zum Schmelzen bringen.

2 Diese kurz abkühlen lassen und dann mit dem Zucker verrühren.

3 Anschließend das Ei, das Weizenmehl, den Zitronensaft, das Backpulver sowie die Milch zufügen und alles erneut ausgiebig mischen.

4 Dann die Himbeeren kurz abbrausen.

5 Jetzt den Cake Pops-Maker auf Temperatur bringen, etwas Teig einfüllen, jeweils eine Himbeere in die Mitte legen und diese erneut mit ein wenig Teig bedecken.

6 Jetzt den Deckel schließen und goldbraune Kuchenkugeln backen.

7 Während die kleinen Bällchen abkühlen, schon einmal die Vollmilch-Kuvertüre zum Schmelzen bringen.

8 Dann die Stiele ein Stück weit in die Schokolade tunken und die Kuchenbällchen aufstecken.

9 Zum Schluss noch die Cake Pops vorsichtig in die Kuvertüre tauchen und mit weißen Schokoladenstreuseln dekorieren.

MANDEL-FRISCHKÄSE-CAKE POPS

21 Port.

80 Min.

Mittel

Zutaten

60 g Weizenmehl
1 EL Mandeln (gehackt)
35 g Mandeln (gemahlen)
100 ml Milch
60 g Butter (weich)
1 Ei
100 g Zucker
½ TL Backpulver

Creme:
2 EL Frischkäse
100 g Kuvertüre (Vollmilch)

Überzug:
40 g Mandeln (gehackt)

Nährwerte p. P.

110 kcal
10 g Kohlenhydrate
7 g Fett
2 g Eiweiß

1 Zuerst die gemahlenen Mandeln mit dem Zucker sowie dem Backpulver mischen.

2 Dann die Butter in einer Schüssel cremig rühren und Gleiches separat mit dem Ei durchführen.

3 Sowohl das Ei als auch die Butter dann im Wechsel mit der Milch in den Weizenmehl-Mix rühren.

4 Zu guter Letzt noch 35 Gramm der gehackten Mandeln unter den Teig heben.

5 Jetzt den Cake Pops-Maker in Betrieb nehmen und aus dem Teig kleine Kuchenkugeln backen.

6 Währenddessen die Schokolade zum Schmelzen bringen und den Frischkäse einrühren.

7 Dann die Stiele ein wenig in die geschmolzene Schokolade tunken und die Kuchenkugeln aufspießen.

8 Zum Schluss die Cake Pops mit der Kuvertüre überziehen und mit den gehackten Mandeln verzieren.

Cake Pops ohne Backen

LÖFFELBISKUIT-CAKE POPS

40 Port. 90 Min. Einfach

Zutaten

200 g Frischkäse
200 g Löffelbiskuits
100 g Puderzucker
75 g Butter (weich)
2 Pck. Vanillezucker

Überzug:
200 g Kuvertüre (Vollmilch)
1 TL Kokosnussöl

Nährwerte p. P.

85 kcal
9 g Kohlenhydrate
5 g Fett
2 g Eiweiß

1 Zuerst die Löffelbiskuits in einen Beutel legen und diese mit einem Nudelholz oder Schnitzelklopfer zerkleinern. Das Ganze sollte so fein sein, dass es durch ein Sieb fallen kann.

2 Danach den Puderzucker mit dem Frischkäse, der weichen Butter sowie dem Vanillezucker verrühren.

3 In den Frischkäse-Mix die Löffelbiskuitbrösel geben und alles miteinander vermengen.

4 Aus der Masse anschließend 40 kleine Bällchen formen und diese für eine Stunde in den Kühlschrank legen.

5 Kurz vor Ende der Kühlzeit die Kuvertüre flüssig werden lassen und mit dem Kokosnussöl mischen.

6 Die Stiele erst kurz in die Kuvertüre tauchen und dann in die kleinen Kuchenbällchen stecken.

7 Zum Schluss die Cake Pops noch in die Schokolade tauchen.

JOHANNISBEEREN-CAKE POPS

20 Port. 75 Min. Einfach

Zutaten

200 g Löffelbiskuits
50 g Johannisbeeren-gelee
200 g Frischkäse
2 EL Backkakao

Nährwerte p. P.

72 kcal
10 g Kohlenhydrate
3 g Fett
2 g Eiweiß

1 Die Kekse ganz fein zermahlen und anschließend mit dem Frischkäse, dem Backkakao sowie dem Johannisbeerengelee mischen.

2 Aus der Masse jetzt circa 20 kleine Bällchen formen und diese im Anschluss eine Stunde in den Kühlschrank geben.

3 Zu guter Letzt die Stiele in die Kugeln stecken.

BUTTERKEKS-CAKE POPS

16 Port. 70 Min. Einfach

Zutaten

400 g Butterkekse
2 EL Aprikosen-Marmelade
200 g Frischkäse

Überzug:
200 g Kuvertüre (Vollmilch)
1 TL Kokosnussöl
50 g Streusel nach Wahl

Nährwerte p. P.

244 kcal
26 g Kohlenhydrate
14 g Fett
4 g Eiweiß

1 Zuerst die Butterkekse so fein zerbröseln, dass diese feinem Sand ähneln.

2 200 g der Butterkeksbrösel dann mit der Aprikosenmarmelade mischen und den Rest mit dem Frischkäse.

3 Anschließend beide Mischungen miteinander vermengen und die Masse dann gute 20 Minuten kühl stellen.

4 Danach aus dem Keks-Teig circa 16 kleine Bällchen formen und diese im Anschluss erneut in die Kühlung geben. Eine ½ Stunde sollten diese hier verbleiben.

5 Im Anschluss die Vollmilch-Kuvertüre zum Schmelzen bringen und mit einem TL Kokosnussöl verrühren.

6 Danach die Stiele kurz in die Schokolade tauchen und die Kuchenbällchen aufstecken.

7 Die Cake Pops dann in die Kuvertüre tunken und mit den Streuseln verzieren.

VOLLKORNKEKS-CAKE POPS

12 Port. 70 Min. Einfach

Zutaten

200 g Vollkornkekse
50 ml Sahne
100 g Vollmilch-Schokolade

Überzug:
150 g Kuvertüre (weiß)
50 g bunte Streusel

Nährwerte p. P.

233 kcal
26 g Kohlenhydrate
13 g Fett
3 g Eiweiß

1 Die Sahne in einem Topf heiß werden lassen. Hier dann die Vollmilch-Schokolade hineingeben und zum Schmelzen bringen. Das Ganze anschließend eine gute ½ Stunde abkühlen lassen.

2 Anschließend die Vollkornkekse ganz fein zerbröseln.

3 Den Schokoladen-Sahne-Mix mit den zerbröselten Vollkornkeksen ausgiebig mischen und aus der Masse kleine Kugeln formen.

4 Die Kugeln dann circa eine ½ Stunde in den Kühlschrank geben.

5 Jetzt die weiße Kuvertüre zum Schmelzen bringen und die Stiele für die Cake Pops hier ungefähr zwei Zentimeter tief eintunken, bevor sie in die Kugeln gesteckt werden.

6 Zum Schluss die Cake Pops in die weiße Schokolade tauchen und mit den bunten Streuseln verschönern.

ZUCKERRÜBENSAFT-CAKE POPS

20 Port. 90 Min. Einfach

Zutaten

350 g Butterkekse
150 g Zuckerrübensaft
2 cl Orangenlikör
100 ml Sahne
100 g Zartbitter-Schokolade

Überzug:
50 g Zuckerrübensaft
150 g Puderzucker
3 EL Wasser

Nährwerte p. P.

195 kcal
31 g Kohlenhydrate
7 g Fett
2 g Eiweiß

1 Die Butterkekse in einen Beutel füllen und mit einem Nudelholz oder Schnitzelklopfer fein zerbröseln.

2 Dann die Zartbitter-Schokolade im Wasserbad zum Schmelzen bringen.

3 Anschließend die Sahne in eine steife Masse verwandeln und diese mit 150 Gramm Zuckerrübensaft, dem Orangenlikör sowie der geschmolzenen Schokolade unter die Butterkeksbrösel mischen.

4 Aus der Masse dann circa 20 kleine Kugeln formen und diese für eine Stunde in die Kühlung geben.

5 Danach den Puderzucker mit dem Wasser und 50 Gramm Zuckerrübensaft verrühren.

6 Jetzt die Kugeln auf Stiele stecken und diese vorsichtig in den Überzug tauchen.

PHILADELPHIA-OREO-CAKE POPS

10 Port. 40 Min. Einfach

Zutaten

175 g Oreo-Kekse
200 g Philadelphia-Frischkäse (Natur)

Überzug:
100 g Kuvertüre (Vollmilch)
30 g Schokoladenstreusel

Nährwerte p. P.

224 kcal
20 g Kohlenhydrate
13 g Fett
4 g Eiweiß

1 Die Oreo-Kekse in einen Beutel füllen und ganz fein zerkleinern, so dass das Ganze nur noch Sandkörnern gleicht.

2 Den Oreo-Sand anschließend mit dem Philadelphia-Frischkäse mischen.

3 Aus der Masse dann ungefähr zehn kleine Bällchen formen.

4 Diese anschließend eine Stunde in den Kühlschrank geben.

5 Jetzt die Kuvertüre zum Schmelzen bringen, die Stiele ein Stück tief in diese tauchen und die Bällchen aufspießen.

6 Danach die Cake Pops in Schokolade tunken und diese mit den Streuseln bestreuen.

WALNUSS-CAKE POPS

16 Port. 80 Min. Einfach

Zutaten

70 g Walnüsse (gemahlen)
160 g Eierplätzchen
80 g Butter (weich)
1 Prise Zimt
2 EL Kakaopulver
3 bis 4 EL Rum
Etwas Puderzucker

Überzug:
300 g Kuvertüre (weiß)
1 TL Kokosnussöl
50 g Zuckerperlen

Nährwerte p. P.

244 kcal
19 g Kohlenhydrate
18 g Fett
2 g Eiweiß

1 Sowohl die Walnüsse als auch die Eierplätzchen mit Hilfe eines Stabmixers ganz fein zermahlen.

2 Dann das Kakaopulver sowie die Prise Zimt zugeben.

3 Anschließend den Rum und die weiche Butter unter den Plätzchen-Walnuss-Mix kneten.

4 Jetzt den Teig ungefähr eine ½ Stunde in die Kühlung stellen.

5 Im Anschluss aus dem Teig kleine Kugeln formen und diese in Puderzucker wälzen.

6 Nun die Kekskugeln erneut eine ½ Stunde in den Kühlschrank geben.

7 Danach die weiße Kuvertüre im Wasserbad zum Schmelzen bringen und mit dem Kokosnussöl mischen.

8 Jetzt die Stiele erst in die Schokolade tunken und dann in die Kugeln stecken.

9 Zum Schluss die Cake Pops mit der weißen Kuvertüre überziehen und mit den Zuckerperlen verzieren.

MÜRBETEIG-CAKE POPS

18 Port. 60 Min. Einfach

Zutaten

300 g Mürbeteig-Tortenboden (fertig gekauft)
70 g Puderzucker
140 g Frischkäse
60 g Butter (weich)

Überzug:
200 g Kuvertüre (Zartbitter)
30 g Schokoladenstreusel (weiß)

Nährwerte p. P.

208 kcal
21 g Kohlenhydrate
13 g Fett
2 g Eiweiß

1 Zuerst den Tortenboden ganz fein zerbröseln.

2 Anschließend die weiche Butter mit dem Puderzucker sowie dem Frischkäse verrühren.

3 Den Frischkäse-Mix dann unter den zerbröselten Tortenboden kneten und diesen dann eine gute ½ Stunde in die Kühlung geben.

4 Danach aus dem Teig circa 18 kleine Kugeln formen. Diese dann erneut eine Viertelstunde kühlen.

5 Währenddessen die Zartbitter-Kuvertüre in der Mikrowelle oder in einem Topf schmelzen.

6 Hier dann die Stiele ungefähr zwei Zentimeter tief eintunken und diese erst dann in die Kuchenkugeln stecken.

7 Jetzt noch die Cake Pops in die Schokolade tauchen und diese mit den Streuseln verzieren.

BISKUIT-CAKE POPS

 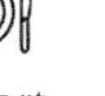 

25 Port. 30 Min. Einfach

Zutaten

250 g Biskuit-Tortenboden (fertig gekauft)
200 g Mascarpone

Überzug:
200 g Kuvertüre (Vollmilch)
50 g Streusel nach Wahl

Nährwerte p. P.

106 kcal
12 g Kohlenhydrate
6 g Fett
2 g Eiweiß

1 Den Biskuit-Tortenboden fein zerbröseln und anschließend ausgiebig mit der Mascarpone verkneten.

2 Aus der Masse jetzt ungefähr 25 gleichgroße Kuchenkugeln formen und diese für zehn Minuten in den Gefrierschrank geben.

3 Danach die Vollmilch-Kuvertüre zum Schmelzen bringen und in dieser ein Stück tief die Stiele eintauchen, bevor sie in die Kuchenkugeln gesteckt werden.

4 Zu guter Letzt die Cake Pops vorsichtig in die Schokolade tauchen und den Überzug mit den Streuseln versehen.

NUTELLA-BISKUIT-CAKE POPS

16 Port. 30 Min. Einfach

Zutaten

300 g Biskuit-Tortenboden (fertig gekauft)
150 g Nutella
50 g Butter (weich)

Überzug:
125 g Kuvertüre (Zartbitter)
50 g Schokoladenstreusel (weiß)

Nährwerte p. P.

210 kcal
25 g Kohlenhydrate
11 g Fett
2 g Eiweiß

1 Zuerst den Biskuit-Tortenboden in einer Schüssel klein zerbröseln.

2 Danach den zerbröselten Kuchen mit dem Nutella und der weichen Butter ordentlich verkneten.

3 Jetzt aus der Masse circa 16 gleichgroße Kugeln gestalten. Diese dann so lange in den Kühlschrank legen, bis die Kuvertüre im Wasserbad geschmolzen ist.

4 Anschließend die Stiele für die Cake Pops zwei Zentimeter tief in die Schokolade tauchen und dann in die Kuchenkugeln stecken.

5 Zum Schluss die Kuchen-Lutscher komplett mit der Kuvertüre überziehen und mit den weißen Schokoladenstreuseln bestreuen.

Feiertags-Cake Pops

OSTERHASEN-CAKE POPS

 40 Port.  60 Min.  Mittel

Zutaten

250 g Dinkelmehl
40 ml Milch
140 g Butter (weich)
140 g Zucker
2 Eier
1 Prise Salz
2 TL Backpulver
2 TL Vanilleextrakt
2 EL Backkakao

Überzug:
50 g Rollfondant (farbig)
400 g Kuvertüre (weiß)

Nährwerte p. P.

129 kcal
14 g Kohlenhydrate
7 g Fett
1 g Eiweiß

1 Im Vorfeld den Ofen auf 160 °C stellen. Dann die weiche Butter mit der Prise Salz in eine schaumige Masse verwandeln. Erinnert die Konsistenz ein wenig an Sahne, kann der Zucker zugefügt werden.

2 Jetzt die Eier in einem Messbecher mit dem Vanilleextrakt verquirlen und diesen Mix dann in das Buttergemisch rühren.

3 Anschließend das Dinkelmehl mit dem Backpulver vermengen und auch diesen Mix unter die erste Mischung rühren. Nun den Teig in zwei Portionen teilen und unter die eine Hälfte den Backkakao mischen.

4 Jetzt im Wechsel den hellen sowie den dunklen Teig in die Cake Pops-Form geben und diese für 18 bis 20 Minuten in den Ofen geben.

5 Nach der Backzeit den Backofen ausstellen, aber die Cake Pops noch weitere fünf Minuten in diesem belassen. Im Anschluss die Form herausnehmen und die Kuchenkugeln abkühlen lassen.

6 Nun die weiße Kuvertüre zum Schmelzen bringen. Hier die Stiele ungefähr ein Zentimeter tief in die Schokolade tauchen und dann in die Cake Pops stecken.

7 Danach die Cake Pops selbst mit der weißen Kuvertüre überziehen und das Ganze abkühlen lassen.

8 Zu guter Letzt den Fondant erwärmen, dünn ausrollen und kleine Osterhäschen ausstechen. Diese auf die Cake Pops legen und vorsichtig festdrücken.

HASELNUSS-ZIMT-CAKE POPS

20 Port. 50 Min. Einfach

Zutaten

60 g Haselnüsse (gemahlen)
60 g Butter (weich)
2 Eier
20 g Maisstärke
1 TL Zimt
1 TL Backpulver

Überzug:
200 g Kuvertüre (Vollmilch)
50 g Zuckersterne

Nährwerte p. P.

106 kcal
6 g Kohlenhydrate
8 g Fett
2 g Eiweiß

1 Die Eier mit der weichen Butter in eine cremige Masse verwandeln.

2 Danach die gemahlenen Haselnüsse mit der Maisstärke, dem Backpulver sowie dem Zimt mischen und diesen Mix unter die Eier-Butter-Mischung rühren.

3 Jetzt den Cake Pops-Maker in Betrieb nehmen und den Teig einfüllen.

4 Die fertigen Kuchenkugeln vorsichtig herausnehmen und abkühlen lassen.

5 Anschließend die Vollmilch-Kuvertüre schmelzen. Die Stiele erst in diese tauchen und dann in die Cake Pops stecken.

6 Zum Schluss die Cake Pops selbst mit der Schokolade überziehen und mit den Zuckersternen verzieren.

SCHNEEMANN-CAKE POPS

20 Port. 60 Min. Mittel

Zutaten

200 g Weizenmehl
200 g Butter (weich)
4 Eier
200 Zucker
1 TL Backpulver

Creme:
200 g Puderzucker
120 g Frischkäse

Überzug:
200 g Kuvertüre (weiß)
50 g Kuvertüre (Zartbitter)
20 Schokoladen-Zylinder

Nährwerte p. P.

290 kcal
34 g Kohlenhydrate
16 g Fett
3 g Eiweiß

1 Den Ofen vorab auf 200 °C Ober-/Unterhitze stellen.

2 Dann die weiche Butter mit den Eiern, dem Weizenmehl, dem Zucker sowie dem Backpulver ausgiebig verrühren.

3 Diesen Teig in eine Kastenform füllen und eine Dreiviertelstunde in den Backofen geben.

4 Während der fertige Rührkuchen abkühlt, die Creme zubereiten. Dafür lediglich den Puderzucker mit dem Frischkäse mischen.

5 Anschließend den Kuchen fein zerbröseln und diesen mit der Creme verkneten. Aus der Masse dann circa 20 Kugeln formen und diese für 20 Minuten ins Gefrierfach legen.

6 Jetzt die weiße Kuvertüre schmelzen, die Stiele hier eintunken und diese dann in die Cake Pops stecken.

7 Im Anschluss die Cake Pops selbst in die Schokolade tauchen und diese eine ½ Stunde in den Kühlschrank geben.

8 Zum Schluss die Zartbitter-Kuvertüre schmelzen und mit dieser auf die Cake Pops einen Schneemann-Mund und eine Nase malen.

9 Dann die Schokoladen-Zylinder kurz in die geschmolzene Kuvertüre tauchen und diese auf die Cake Pops setzen.

LEBKUCHEN-CAKE POPS

35 Port.

60 Min.

Einfach

Zutaten

100 g Mandeln (gemahlen)
100 g Weizenmehl
1 Prise Salz
120 ml Buttermilch
150 g Butter (weich)
2 Eier
60 ml Zuckerrübensirup
1 Pck. Lebkuchengewürz
1 TL Backpulver
½ TL Natron
130 g Zucker (braun)

Creme:
300 g Frischkäse

Überzug:
150 g Kuvertüre (Zartbitter)
50 g Sternen-Streusel

Nährwerte p. P.

132 kcal
10 g Kohlenhydrate
9 g Fett
2 g Eiweiß

1 Zuerst den Zucker mit der weichen Butter ausgiebig cremig rühren.

2 Danach die Eier, das Lebkuchengewürz, den Zuckersirup sowie das Salz zugeben und alles erneut mischen.

3 Jetzt die gemahlenen Mandeln und die Buttermilch zufügen.

4 Dann erst das Weizenmehl mit dem Natron sowie dem Backpulver vermengen und auch diesen Mix unter die erste Mischung rühren.

5 Jetzt den Backofen auf 180 °C Umluft stellen und den Teig in eine Kastenform füllen. Diese dann für 40 Minuten in den Ofen stellen.

6 Sobald der Kuchen abgekühlt ist, diesen in einer Schüssel zerbröseln und mit dem Frischkäse verkneten.

7 Aus der Masse anschließend circa 35 Kuchenkugeln gestalten und diese eine ½ Stunde in der Kühlung aufbewahren.

8 Nun die Kuvertüre schmelzen und die Stiele vorab hier eintunken, bevor sie in die Kuchenkugeln gesteckt werden.

9 Zum Schluss die Cake Pops selbst in die Schokolade tauchen und mit den Schokoladensternen verzieren.

SPEKULATIUS-CAKE POPS

15 Port. 60 Min. Einfach

Zutaten

200 g Spekulatius-Kekse
2 TL Espresso (gezuckert)
100 g Frischkäse

Überzug:
100 g Kuvertüre (weiß)
1 TL Kokosnussöl
30 g Krokant

Nährwerte p. P.

135 kcal
14 g Kohlenhydrate
8 g Fett
2 g Eiweiß

1 Zuerst die Spekulatius in einen Beutel füllen und diese fein zerkrümeln.

2 Danach die Kekskrümel mit dem Espresso sowie dem Frischkäse verkneten.

3 Aus der Masse anschließend 15 Bällchen formen und diese im Anschluss eine ½ Stunde in die Kühlung geben.

4 Kurz vor Ende der Kühlzeit die weiße Kuvertüre schmelzen und mit dem Kokosnussöl mischen.

5 Nun die Stiele ungefähr einen Zentimeter tief in die weiche Schokolade tauchen und diese dann in die Cake Pops stecken.

6 Zum Schluss die Cake Pops selbst in die Kuvertüre tunken und mit dem Krokant bestreuen.

HALLOWEEN-CAKE POPS

12 Port. 60 Min. Einfach

Zutaten

150 g Kürbis (Hokkaido)
100 g Schoko-Müsli
10 g Ahornsirup

Überzug:
50 g Kuvertüre (weiß)
Lebensmittelfarbe (orange)

Nährwerte p. P.

67 kcal
9 g Kohlenhydrate
2 g Fett
1 g Eiweiß

1 Zuerst den Kürbis garen und diesen anschließend durchpürieren.

2 Das Kürbispüree dann mit dem Müsli sowie dem Ahornsirup mischen.

3 Aus der Masse circa zwölf Bällchen formen und diese dann eine ½ Stunde in die Kühlung legen.

4 Jetzt die weiße Kuvertüre schmelzen und mit der orangenen Lebensmittelfarbe einfärben.

5 Erst die Stiele in die Kuvertüre tauchen und diese in die Bällchen stecken.

6 Danach die Cake Pops selbst orange einfärben.

7 Wer mag, kann noch ein gruseliges Gesicht auf die Halloween-Cake Pops malen.

SCHNEEBALL-CAKE POPS

25 Port. 70 Min. Einfach

Zutaten

100 g Weizenmehl
100 g Zucker
3 Eier

Creme:
200 g Magerquark
200 ml Sahne
1 EL Puderzucker
50 ml Amaretto
1 Pck. Vanillezucker
1 Pck. Sahnesteif

Überzug:
75 g Kokosnussraspeln

Nährwerte p. P.

95 kcal
9 g Kohlenhydrate
5 g Fett
3 g Eiweiß

1 Vorab erst einmal den Backofen auf 175 °C Ober-/Unterhitze stellen.

2 Dann die Eier mit dem Zucker ausgiebig verquirlen und das Weizenmehl unterheben.

3 Den Teig jetzt auf einem Backblech verteilen und dieses circa eine Viertelstunde in den Ofen geben.

4 Für die Creme nun die Sahne mit dem Sahnesteif verrühren.

5 Danach den Magerquark mit dem Puderzucker, dem Amaretto sowie dem Vanillezucker mischen und hier auch gleich die steife Sahne unterheben.

6 Jetzt den inzwischen abgekühlten Kuchen fein zerbröseln und mit der Creme im Anschluss verkneten.

7 Jetzt aus der Masse ungefähr 24 kleine Kugeln gestalten und diese mit einem Stiel versehen.

8 Danach die Cake Pops in den Kokosnussraspeln vorsichtig wälzen.

MOZART-CAKE POPS

25 Port. 80 Min. Mittel

Zutaten

100 g Marzipanrohmasse
100 g Nussnougat (gekühlt)
100 g Löffelbiskuits
1 EL Frischkäse
1 EL Milch
25 g Pistazien

Überzug:
150 g Kuvertüre (Zartbitter)
10 g Kokosnussöl

Nährwerte p. P.

95 kcal
11 g Kohlenhydrate
5 g Fett
2 g Eiweiß

1 Das Nussnougat in 25 gleichgroße Stücke teilen und aus diesen dann kleine Bällchen formen.

2 Die Nougatbällchen anschließend eine Viertelstunde in den Kühlschrank legen.

3 Währenddessen die Pistazien sowie die Löffelbiskuits fein zermahlen und mit der Marzipanrohmasse sowie der Milch verkneten.

4 Danach den Frischkäse zugeben und alles erneut durchkneten.

5 Auch diese Masse jetzt in 25 Portionen aufteilen. Dann jede Portion flach drücken, eine Nougatkugel hineinlegen und das Ganze wieder zu Kugeln formen.

6 Die Kugeln jetzt erneut für eine Viertelstunde in die Kühlung geben.

7 Zwischenzeitlich die Kuvertüre schmelzen und mit dem Kokosnussöl mischen.

8 Dann die Stiele erst in die Schokolade tauchen und diese in die Kugeln stecken.

9 Zum Schluss noch die Kugeln selbst in die Kuvertüre tauchen.

PRINZESSINNEN-CAKE POPS

18 Port. 30 Min. Einfach

Zutaten

250 g Biskuit-Tortenboden (fertig gekauft)

Creme:
1 EL Milch
50 g Mandeln (gemahlen)
1 EL Honig
80 g Frischkäse

Überzug:
150 g Kuvertüre (weiß)
10 g Kokosnussöl
Rosa Lebensmittelfarbe
Goldene Zuckerperlen

Nährwerte p. P.

130 kcal
15 g Kohlenhydrate
9 g Fett
2 g Eiweiß

1 Den Biskuit-Tortenboden zuerst so fein wie möglich zerbröseln.

2 Anschließend die gemahlenen Mandeln, die Milch, den Honig sowie den Frischkäse dazugeben und alles ordentlich miteinander verkneten.

3 Aus der Masse dann ungefähr 18 gleichgroße Bällchen kreieren und diese eine ½e Stunde in den Kühlschrank legen.

4 Kurz vor Ende der Kühlzeit die weiße Kuvertüre mit dem Kokosnussöl schmelzen und mit der Lebensmittelfarbe rosa einfärben.

5 Jetzt die Stiele circa einen Zentimeter tief in die Schokolade dippen und dann in die Kuchenkugeln stecken.

6 Danach die Cake Pops ganz in die rosa Schokolade tauchen und mit den goldenen Zuckerperlen dekorieren.

OSTEREIER-CAKE POPS

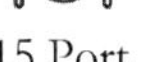

15 Port. 70 Min. Einfach

Zutaten

300 g Biskuit-Tortenboden (fertig gekauft)

Creme:
50 g Saure Sahne
1 EL Milch

Überzug:
150 g Kuvertüre (weiß)
Verschiedene Lebensmittelfarben
30 g bunte Zuckerstreusel

Nährwerte p. P.

132 kcal
19 g Kohlenhydrate
6 g Fett
2 g Eiweiß

1 Den Biskuit-Tortenboden so fein wie möglich zerkrümeln.

2 Diesen dann mit der Milch sowie der Sauren Sahne verkneten.

3 Aus der Masse dann circa 15 gleich große Eier formen und diese anschließend eine ½ Stunde in den Kühlschrank geben.

4 Jetzt die weiße Kuvertüre mit dem Kokosnussöl in einem Topf schmelzen.

5 Hier die Stiele eintunken und diese dann in die Eier stecken.

6 Anschließend die Schokolade in kleine Portionen aufteilen und mit verschiedenen Lebensmittelfarben einfärben.

7 Hier die Ostereier-Cake Pops eintauchen und danach mit den bunten Zuckerstreuseln verzieren.

Cake Pops mit Alkohol

PROSECCO-CAKE POPS

40 Port. | 230 Min. | Mittel

Zutaten

150 ml Prosecco
300 g Weizenmehl
250 g Butter (weich)
4 Eier
200 g Zucker
1 TL Backpulver
1 Prise Salz

Creme:
50 ml Prosecco
75 g Butter (weich)
150 g Puderzucker
100 g Frischkäse
½ TL Vanilleextrakt

Überzug:
450 g Kuvertüre (weiß)
1 TL Kokosnussöl
Glitzerstreusel

Nährwerte p. P.

204 kcal
20 g Kohlenhydrate
12 g Fett
2 g Eiweiß

1 Bevor es an die Zubereitung der Cake Pops geht, stellen Sie erst einmal den Backofen auf 180 °C Ober-/Unterhitze.

2 Anschließend 250 Gramm weiche Butter mit dem Zucker cremig vermischen. Danach die Eier nach und nach dazugeben und alles gut verrühren.

3 Jetzt das Weizenmehl mit der Prise Salz sowie dem Backpulver vermengen und auch diesen Mix zum ersten Gemisch geben.

4 Zu guter Letzt noch den Prosecco unter den Teig mischen und diesen dann in eine Kastenform füllen. Rund 50 Minuten muss der Kuchen nun backen.

5 Während der Kuchen abkühlt, kann die Creme hergestellt werden. Dafür 75 Gramm weiche Butter mit dem Frischkäse mischen und anschließend den Puderzucker, das Vanilleextrakt sowie den Prosecco zugeben und alles erneut mischen.

6 Nun den Kuchen fein zerbröseln und die Brösel anschließend mit der Creme verkneten.

7 Aus der Masse dann circa 40 kleine Kugeln kreieren und diese anschließend eine Stunde in den Kühlschrank legen. Zum Schluss die weiße Kuvertüre mit dem Kokosnussöl zusammen zum Schmelzen bringen.

8 Hier dann die Stiele ungefähr einen Zentimeter tief in die weiße Schokolade tauchen und dann in die Kuchenkugeln stecken. Die Cake Pops danach ebenfalls mit der weißen Schokolade überziehen und mit Glitzerstreuseln bestreuen.

AMARETTO-CAKE POPS

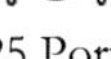

25 Port. 90 Min. Einfach

Zutaten

300 g Biskuit-Tortenboden (fertig gekauft)

Creme:
2 EL Amaretto
60 g Butter (weich)
1 TL Vanillezucker
120 g Puderzucker

Überzug:
200 g Kuvertüre (Vollmilch)
20 Amarettini

Nährwerte p. P.

138 kcal
21 g Kohlenhydrate
5 g Fett
1 g Eiweiß

1 Zuerst den Biskuitboden fein zerkrümeln.

2 Danach die Butter mit dem Puderzucker und dem Vanillezucker ausgiebig verrühren und anschließend den Amaretto zugeben.

3 Die Creme jetzt mit dem zerbröselten Kuchenteig verkneten.

4 Aus der Masse dann circa 25 kleine Kugeln gestalten und diese gut eine ½ Stunde in die Kühlung stellen.

5 Im Anschluss die Vollmilch-Kuvertüre schmelzen und die Amarettini fein zerhacken.

6 Die Stiele für die Cake Pops nun einen Zentimeter tief in die Kuvertüre tunken und die Kuchenbälle auf diese stecken.

7 Zum Schluss die Cake Pops selbst in die geschmolzene Schokolade tauchen und mit den zerhackten Amarettini bestreuen.

BAILEYS-CAKE POPS

16 Port. 60 Min. Einfach

Zutaten

300 g Mürbeteig-Tortenboden (fertig gekauft)

Creme:
2 EL Baileys
100 g Mascarpone

Überzug:
200 g Kuvertüre (Zartbitter)
40 g Haselnüsse (gehackt)

Nährwerte p. P.

196 kcal
19 g Kohlenhydrate
12 g Fett
2 g Eiweiß

1 Den Mürbeteig-Tortenboden fein zerbröseln.

2 Jetzt die Mascarpone mit dem Baileys mischen und die Creme mit dem zerkrümelten Tortenboden verkneten.

3 Im Anschluss aus der Masse circa 16 Teigkugeln herstellen und diese für eine ½ Stunde in die Kühlung geben.

4 Jetzt noch die Zartbitter-Kuvertüre zum Schmelzen bringen und hier die Stiele eintunken, bevor sie in die Cake Pops gesteckt werden.

5 Zu guter Letzt die Kuchen-Lollis in die Kuvertüre tauchen und mit den gehackten Haselnüssen verfeinern.

CHAMPAGNER-CAKE POPS

13 Port. 45 Min. Einfach

Zutaten

100 g Butter (weich)
200 g Weizenmehl
1 Ei
80 g Zucker
1 Prise Salz
100 ml Champagner

Creme:
100 g Puderzucker
40 g Butter (weich)
30 ml Champagner
1 Pck. Vanillezucker

Überzug:
200 g Kuvertüre (Vollmilch)
50 g Glitzerstreusel

Nährwerte p. P.

260 kcal
34 g Kohlenhydrate
14 g Fett
3 g Eiweiß

1 Das Ei zuerst mit dem Zucker ausgiebig vermischen. Dann das Weizenmehl mit der Prise Salz sowie dem Backpulver vermengen.

2 Anschließend die Butter schmelzen, abkühlen lassen und diese mit dem Champagner und dem Mehl-Mix zur Eier-Zucker-Mischung geben.

3 Nun den Ofen auf 180 °C Umluft stellen, den Teig in eine Kastenform füllen und den Kuchen 15 bis 20 Minuten backen.

4 Während der fertige Kuchen dann abkühlt, kann die Creme hergestellt werden. Dafür die Butter aufschlagen und anschließend den Puderzucker, den Vanillezucker sowie den Champagner zufügen.

5 Jetzt den erkalteten Kuchen zerbröseln und die Krümel mit der Creme verkneten.

6 Aus dem Teig kleine Kugeln gestalten und diese eine ½ Stunde in den Kühlschrank legen.

7 Nun die Kuvertüre schmelzen. Hier die Stiele kurz eintauchen, bevor sie in die Cake Pops gesteckt werden.

8 Zu guter Letzt die Kuchenkugeln in die Schokolade tauchen und diese mit den Glitzerstreuseln aufpeppen.

EIERLIKÖR-PISTAZIEN-CAKE POPS

18 Port. 60 Min. Einfach

Zutaten

300 g Biskuit-Tortenboden (fertig gekauft)

Creme:
40 g Frischkäse
50 ml Eierlikör

Überzug:
300 g Kuvertüre (weiß)
3 EL Pistazien (gehackt)

Nährwerte p. P.

183 kcal
21 g Kohlenhydrate
9 g Fett
2 g Eiweiß

1 Den Biskuitboden in winzig kleine Teilchen zerbröseln.

2 Dann den Frischkäse mit dem Eierlikör mischen und die Creme mit den Kuchenkrümeln verkneten.

3 Aus dem Teig jetzt ungefähr 18 gleich große Bällchen formen und diese anschließend eine ½ Stunde kühl stellen.

4 Nach der ½ Stunde dann die Kuvertüre schmelzen. Hier die Cake Pops-Stiele kurz eintauchen, bevor diese in die Kuchenbällchen gesteckt werden.

5 Zu guter Letzt die Cake Pops in die weiße Schokolade tauchen und mit den gehackten Pistazien verzieren.

GLÜHWEIN-CAKE POPS

30 Port. 40 Min. Einfach

Zutaten

50 ml Glühwein
125 g Butter (weich)
125 g Weizenmehl
2 Eier
125 g Zucker
2 EL Backkakao
1 Prise Salz
½ TL Backpulver

Überzug:
300 g Kuvertüre (Zartbitter)
50 g Schokoladenstreusel

Nährwerte p. P.

111 kcal
11 g Kohlenhydrate
7 g Fett
1 g Eiweiß

1 Die weiche Butter mit der Prise Salz und dem Zucker ordentlich verrühren, bis das Ganze eine schaumige Masse wird.

2 Danach die Eier nach und nach zugeben und alles erneut gut mischen.

3 Anschließend den Glühwein einrühren.

4 Jetzt das Weizenmehl mit dem Backpulver sowie dem Backkakao vermengen und diesen Mix ebenfalls unterrühren.

5 Danach den Cake Pops-Maker auf Temperatur bringen und aus dem Teig leckere Kuchen-Lollis backen.

6 Während die kleinen Kuchenkugeln abkühlen, kann die Kuvertüre geschmolzen werden.

7 Hier die Stiele kurz eintauchen und diese dann in die kleinen Bällchen stecken.

8 Danach die Cake Pops in die Schokolade tauchen und mit den Streuseln versehen.

RUM-JOGHURT-CAKE POPS

16 Port. 75 Min. Einfach

Zutaten

50 g Naturjoghurt
80 g Weizenmehl
50 g Butter (weich)
1 Ei
60 g Zucker
1 TL Backpulver
1 EL Backkakao

Creme:
70 g Puderzucker
140 g Frischkäse
1 EL Milch
2 EL Rum

Überzug:
200 g Kuvertüre (Vollmilch)
40 g Streusel

Nährwerte p. P.

174 kcal
19 g Kohlenhydrate
9 g Fett
3 g Eiweiß

1 Den Ofen im Vorfeld auf 175 °C Ober-/Unterhitze stellen.

2 Anschließend die weiche Butter mit dem Ei, dem Naturjoghurt, dem Weizenmehl, dem Zucker, dem Backkakao sowie dem Backpulver ausgiebig verrühren.

3 Danach den Teig in eine Kastenform füllen und diese ungefähr 20 Minuten in den Backofen geben.

4 Während der Kuchen abkühlt, die Creme zubereiten. Dafür den Puderzucker mit der Milch, dem Frischkäse sowie dem Rum mischen.

5 Jetzt den Kuchen fein zerbröseln und die Krumen mit der Creme verkneten.

6 Aus der Masse rund 16 kleine Kuchenbällchen formen und diese dann 30 Minuten in den Kühlschrank stellen.

7 Nun die Vollmilch-Kuvertüre schmelzen, die Stiele hier eintauchen und diese in die Bällchen stecken.

8 Zu guter Letzt die Cake Pops in die Schokolade tauchen und mit den Streuseln bestreuen.

BLUE CURACAO-CAKE POPS

15 Port.

140 Min.

Mittel

Zutaten

250 g Biskuit-Tortenboden (fertig gekauft)

Creme:
4 cl Blue Curacao
50 g Frischkäse

Überzug:
150 g Puderzucker
2 cl Blue Curacao
2 EL Zitronensaft

Nährwerte p. P.

114 kcal
22 g Kohlenhydrate
2 g Fett
1 g Eiweiß

1 Zuerst den Biskuit-Tortenboden so fein wie möglich zerkrümeln.

2 Jetzt den Frischkäse mit 4 Zentilitern Blue Curacao mischen und die Creme mit den Kuchenkrümeln verkneten.

3 Aus dem Kuchenteig jetzt circa 15 Kugeln formen und diese dann gute zwei Stunden in den Kühlschrank stellen.

4 Anschließend 75 Gramm Puderzucker mit dem übrigen Blue Curacao verrühren.

5 Die andere Hälfte des Puderzuckers hingegen mit dem Zitronensaft vermischen.

6 Jetzt noch die Kuchenbälle auf Stiele stecken und die Cake Pops anschließend erst in die eine und dann in die andere Glasur tauchen.

BATIDA DE COCO-CAKE POPS

45 Port.

140 Min.

Mittel

Zutaten

250 g Weizenmehl
250 g Butter (weich)
150 g Zucker
1 TL Backpulver
4 Eier
1 Prise Salz

Creme:
5 EL Batida de Coco
120 g Puderzucker
150 g Frischkäse
75 g Butter
125 g Kokosnussraspeln

Überzug:
300 g Kuvertüre (weiß)
1 TL Kokosnussöl
125 g Kokosnussraspeln

Nährwerte p. P.

190 kcal
14 g Kohlenhydrate
13 g Fett
2 g Eiweiß

1 Vorab den Backofen auf 180 °C Ober-/Unterhitze stellen, damit dieser vorheizen kann. Dann 250 Gramm weiche Butter mit dem Zucker cremig verrühren. Danach ein Ei nach dem anderen unter den Butter-Zucker-Mix mischen.

2 Jetzt das Weizenmehl mit der Prise Salz sowie dem Backpulver vermengen und auch diesen Mix in die erste Mischung geben.

3 Den Teig in eine Kastenform füllen und diese für 45 bis 50 Minuten in den Ofen stellen.

4 Während der Kuchen in der Form abkühlt, kann die Creme zubereitet werden. Dafür 75 Gramm weiche Butter mit dem Frischkäse verrühren, bis das Ganze sich cremig zeigt.

5 In die Creme dann auch gleich noch den Puderzucker, die Kokosnussraspeln sowie den Kokosnuss-Likör zugeben. Jetzt den abgekühlten Kuchen fein zerbröseln und mit der zubereiteten Creme verkneten.

6 Aus dem Teig nun circa 45 kleine Kuchenbällchen kreieren und diese für eine Stunde in die Kühlung geben. Im Anschluss die weiße Kuvertüre schmelzen und die Stiele hier eintunken, bevor sie in die Kuchenkugeln gesteckt werden.

7 Zu guter Letzt die Cake Pops erst in die Schokolade tauchen und dann vorsichtig in den Kokosnussraspeln wälzen.

SCHOKOLIKÖR-CAKE POPS

12 Port. 60 Min. Einfach

Zutaten

250 g Biskuit-Tortenboden (fertig gekauft)

Creme:
2 EL Schokolikör
4 EL Nutella

Überzug:
100 g Kuvertüre (Vollmilch)
1 TL Kokosnussöl
40 g Schokoladenstreusel

Nährwerte p. P.

166 kcal
23 g Kohlenhydrate
7 g Fett
2 g Eiweiß

1 Den gekauften Tortenboden in einer Schüssel fein zerbröseln.

2 Anschließend das Nutella sowie den Schokolikör zu den Kuchenkrümeln geben und alles ausgiebig verkneten.

3 Jetzt aus der Kuchenmasse circa zwölf Kuchenbällchen formen und diese dann circa eine ½ Stunde kühl stellen.

4 Im Anschluss die weiße Kuvertüre mit dem Kokosnussöl schmelzen und hier die Holzstiele kurz eintunken, bevor die Kuchenkugeln aufgespießt werden.

5 Zum Schluss die Cake Pops mit der weißen Schokolade ummanteln und mit den Streuseln verschönern.

Fitness-Cake Pops

FETTARME JOGHURT-CAKE POPS

20 Port.

90 Min.

Einfach

Zutaten

50 g Magerjoghurt
100 g Frischkäse (0,2 %, fettarm)
150 g Biskuit-Tortenboden (fertig gekauft)
1 EL Zitronensaft
1 TL Zitronenabrieb

Überzug:
150 g Kuvertüre (Zartbitter)

Nährwerte p. P.

69 kcal
9 g Kohlenhydrate
3 g Fett
2 g Eiweiß

1 Den Biskuitboden zuerst fein zerbröseln.

2 Danach den Magerjoghurt mit dem fettarmen Frischkäse, dem Zitronensaft sowie dem Zitronenabrieb mischen und die Creme dann mit den Kuchenkrümeln ordentlich verkneten.

3 Die Masse anschließend eine Viertelstunde in den Kühlschrank geben.

4 Anschließend aus dem Teig ungefähr 20 Kuchenbällchen kreieren und diese dann erneut eine Stunde in die Kühlung geben.

5 Jetzt die Zartbitter-Kuvertüre schmelzen und hier die Holzstiele für die Cake Pops kurz eintunken, bevor sie in die kleinen Teigkugeln gesteckt werden.

6 Zum Schluss die Cake Pops ebenfalls in die Schokolade tauchen.

LOW CARB VANILLE-CAKE POPS

20 Port.

80 Min.

Mittel

Zutaten

170 ml Sahne
110 g Mandelmehl
50 g Erythrit (Zuckerersatz)
40 g Kokosnussmehl
2 Eier
½ Pck. Backpulver

Creme:
80 g Frischkäse
30 g Butter (weich)
30 g Erythrit-Puderzucker
½ Vanilleschote

Überzug:
200 g zuckerfreie Schokolade

Nährwerte p. P.

79 kcal
1 g Kohlenhydrate
6 g Fett
4 g Eiweiß

1 Vorab den Backofen auf 170 °C Umluft stellen. Anschließend die Sahne, das Erythrit, die Eier, das Backpulver sowie das Mandel- und das Kokosnussmehl mischen. Das Ganze so lange verrühren, bis ein glatter Kuchenteig entstanden ist.

2 Diesen in eine Kastenform füllen und 20 Minuten im Ofen goldbraun backen.

3 Während der Kuchen jetzt abkühlt, die Creme herstellen. Dafür zuerst den Frischkäse mit der weichen Butter verrühren.

4 Danach das Mark aus der Vanilleschote kratzen und dieses mit dem Erythrit-Puderzucker ebenfalls in die Creme geben.

5 Jetzt den abgekühlten Kuchen fein zerbröseln und mit der Creme verkneten.

6 Aus dem Teig nun kleine Kuchenkugeln gestalten und diese dann für eine ½ Stunde in die Kühlung geben.

7 Zum Schluss die zuckerfreie Kuvertüre schmelzen und die Holzstiele in diese tauchen, bevor sie in die Kugeln gesteckt werden. Jetzt nur noch die Cake Pops selbst in die Kuvertüre tunken.

MAGERQUARK-ZITRONEN-CAKE POPS

18 Port.

60 Min.

Mittel

Zutaten

300 ml Buttermilch
1 Pck. Backpulver
1 Ei
200 g Weizenmehl
40 g Erythrit (Zuckerersatz)
½ Fläschchen Zitronenaroma

Creme:
250 g Magerquark
½ Fläschchen Zitronenaroma
Etwas Wasser
1 Spritzer Süßstoff

Überzug:
200 g zuckerfreie Kuvertüre

Nährwerte p. P.

58 kcal
9 g Kohlenhydrate
1 g Fett
4 g Eiweiß

1 Im Vorfeld den Backofen auf 190 °C Ober-/Unterhitze stellen.

2 Danach das Weizenmehl, die Buttermilch, das Backpulver, das Ei, das Zitronenaroma sowie das Erythrit in eine Schüssel geben und alles in einen glatten Kuchenteig verwandeln.

3 Diesen in eine Kastenform füllen und für eine ½ Stunde in den Ofen geben.

4 Während der Kuchen dann abkühlt, die Creme zubereiten. Dafür den Magerquark mit etwas Wasser glattrühren und anschließend das Zitronenaroma sowie den Süßstoff zufügen.

5 Jetzt den Kuchen fein zerbröseln und diesen mit der Creme ausgiebig verkneten.

6 Aus der Masse nun circa 18 kleine Kugeln kreieren und diese 20 Minuten ins Gefrierfach legen.

7 Zum Schluss nur noch die Kuvertüre schmelzen. Hier zuerst die Stiele kurz eintauchen und dann die Kugeln aufstecken.

8 Die Cake Pops selbst mit der zuckerfreien Schokolade überziehen.

PROTEIN-CAKE POPS

24 Port. 55 Min. Einfach

Zutaten

100 ml Sahne
150 ml Milch
35 g Whey-Proteinpulver
75 g Mandelmehl
75 g Kokosnussmehl
1 TL Backpulver
50 g Erythrit
(Zuckerersatz)

Nährwerte p. P.

47 kcal
1 g Kohlenhydrate
3 g Fett
3 g Eiweiß

1 Zuerst das Whey-Proteinpulver mit dem Backpulver, dem Erythrit sowie dem Kokosnuss- und dem Mandelmehl mischen.

2 In den trockenen Mix anschließend die Milch sowie die Sahne einrühren.

3 Danach den Cake Pops-Maker in Betrieb nehmen und aus dem Teig kleine leckere Kuchenbällchen backen.

4 Zum Schluss die Kugeln ein wenig auskühlen lassen und dann mit Holzstielen versehen.

VANILLE-EIWEISS-CAKE POPS

25 Port.

195 Min.

Mittel

Zutaten

200 ml Sojamilch
4 EL Proteinpulver (Vanille)
50 ml Pflanzenöl
50 g Margarine
50 g Mandeln (gemahlen)
1 EL Süßlupinenmehl
1 TL Backpulver
1 Prise Salz
2 Eier
1 Pck. Vanillepuddingpulver
3 EL Kakaopulver

Überzug:
1 Tafel Zartbitter-Schokolade
40 g Mandeln (gehackt)

Nährwerte p. P.

95 kcal
3 g Kohlenhydrate
7 g Fett
5 g Eiweiß

1 Zuerst die Eiweiße von den Eigelben trennen. Erstgenanntes dann mit der Prise Salz in eine steife Masse verwandeln.

2 Portionsweise anschließend die trockenen Zutaten zugeben und alles gut verrühren.

3 Danach die Margarine und die Dotter unterrühren und zum Schluss das Pflanzenöl sowie die Sojamilch.

4 Jetzt den Cake Pops-Maker auf Temperatur bringen und aus dem Teig leckere Cake Pops backen.

5 Während die Kugeln auskühlen, die Zartbitterschokolade schmelzen. Hier erst die Stiele in die Schokolade tunken und diese dann in die Kuchenkugeln stecken.

6 Zu guter Letzt die Cake Pops mit der Schokolade versehen und mit den gehackten Mandeln bestreuen.

ENERGIE-CAKE POPS

12 Port. 75 Min. Einfach

Zutaten

50 g Mandeln (gemahlen)
30 g Kokosnussraspeln
250 g Datteln (getrocknet)
100 g Karotten
½ TL Zimtpulver
Ein Viertel TL Muskatnuss
1 Prise Salz

Nährwerte p. P.

107 kcal
15 g Kohlenhydrate
4 g Fett
2 g Eiweiß

1 Die Karotten säubern, von ihrer Schale befreien und in feine Stückchen raspeln.

2 Danach die Karottenraspeln mit den getrockneten Datteln, den gemahlenen Mandeln, den Kokosnussraspeln, der Prise Salz, dem Zimt sowie dem Muskat in einen Mixer geben und alles ausgiebig miteinander verrühren.

3 Jetzt aus der Masse ungefähr 12 kleine Teigkugeln kreieren.

4 Die Kugeln in Kokosnussraspeln wälzen, auf Stiele stecken und anschließend eine Stunde in den Kühlschrank geben.

EIWEISS-SCHOKO-CAKE POPS

24 Port. 20 Min. Einfach

Zutaten

100 ml Sahne
35 g Whey-Proteinpulver (Schokolade)
150 ml Milch
75 g Kokosnussmehl
75 g Mandelmehl
50 g Erythrit (Zuckerersatz)

Nährwerte p. P.

43 kcal
1 g Kohlenhydrate
2 g Fett
4 g Eiweiß

1 Zuerst das Proteinpulver mit dem Erythrit sowie dem Mandel- und dem Kokosnussmehl vermengen.

2 In diesen Mix jetzt schluckweise die Milch sowie die Sahne zugeben und alles ausgiebig verrühren.

3 Zu guter Letzt den Teig in den vorgeheizten Cake Pops-Maker geben und aus diesem goldbraune Kuchenbällchen backen.

4 Nachdem die Kugeln abgekühlt sind, können diese auf Stiele gesteckt werden.

NUSS-APRIKOSEN-CAKE POPS

20 Port.

30 Min.

Einfach

Zutaten

120 g Aprikosen (getrocknet)
35 g Mandeln (gemahlen)
35 g Walnüsse
2 kleine Möhren
1 TL Kokosnussöl
40 g Kokosnussraspeln
5 g Ingwer
1 Messerspitze Zimt

Nährwerte p. P.

59 kcal
6 g Kohlenhydrate
3 g Fett
1 g Eiweiß

1 Die getrockneten Aprikosen im Vorfeld eine ½ Stunde in Wasser einweichen.

2 Danach die Aprikosen sowie die zuvor gesäuberten Möhren in grobe Stücke teilen.

3 Anschließend die Aprikosen- und Möhrenstücke mit den Mandeln, den Walnüssen, dem Ingwer sowie dem Zimt in einen Mixer geben und alles in einen Teig verwandeln.

4 Jetzt noch kurz die Kokosnussraspeln untermischen und aus der Masse dann 20 kleine Bällchen kreieren.

5 Diese dann eine Stunde in den Kühlschrank legen und anschließend mit Stielen versehen.

ROSINEN-DATTELN-CAKE POPS

15 Port. 30 Min. Einfach

Zutaten

90 g Dinkelmehl
30 g Pflanzenöl
1 TL Backpulver
40 g Datteln (getrocknet)
30 g Rosinen
70 ml Mandelmilch
1 TL Zitronensaft

Nährwerte p. P.

26 kcal
4 g Kohlenhydrate
1 g Fett
1 g Eiweiß

1 Zuerst das Backpulver mit dem Dinkelmehl vermengen.

2 Dann die Datteln mit der Mandelmilch zusammen in ein feines Püree verwandeln.

3 Danach den Mehl-Mix mit dem Dattel-Mandel-Püree, dem Zitronensaft, dem Pflanzenöl und den Rosinen mischen.

4 Jetzt den Cake Pops-Maker in Betrieb nehmen und aus dem Teig leckere Cake Pops backen.

5 Wenn diese etwas abgekühlt sind, die Stiele in die Kugeln stecken.

DATTELN-CASHEW-CAKE POPS

30 Port. 75 Min. Einfach

Zutaten

250 g Cashewkerne
20 g Erdbeeren (TK)
350 g Datteln (getrocknet)
50 g Kokosnussraspeln

Nährwerte p. P.

97 kcal
11 g Kohlenhydrate
5 g Fett
2 g Eiweiß

1 Sämtliche Zutaten in einen Standmixer geben und das Ganze ordentlich durchmischen.

2 Aus der glatten Masse jetzt circa 30 Kugeln rollen und diese anschließend eine Stunde in die Kühlung legen.

3 Anschließend nur noch die Stiele in die Kugeln stecken.